VOYAGES
PHILOSOPHIQUES

COLLECTION DIRIGÉE
PAR AGNÈS LAGACHE

ISBN - 2.86469.081.0
ISSN - 0991.6172

Photo de couverture : Agnès Lagache
Maquette : Sketch

QU'EST-CE QU'UN CIVILISÉ ?

pierre
kaufmann

qu'est-ce qu'un civilisé ?

atelier alpha bleue

TABLE ANALYTIQUE

I. CULTURE ET CIVILISATION

1. Culture et civilisation.

Dégager la personnalité du civilisé de la notion de civilisation supposera d'abord qu'on distingue celle-ci de la culture : problème classique dont le premier abord consisterait à traiter de la culture comme d'un apprentissage des instruments de communication élémentaire, dont la civilisation représente l'incarnation historique en des œuvres.

2. Persuasion et violence.

Le " civilisé " et le type de personnalité qui lui est opposé, celui de " barbare ", disposent l'un et l'autre d'une puissance. Toutefois la puissance du civilisé est une capacité organisée, représentée par l'actualisation des œuvres, tandis que celle du " barbare " se réduit non pas seulement à la violence, mais à la jouissance narcissique d'une violence. Aussi bien la puissance du civilisé trouvera-t-elle la meilleure de ses illustrations dans la représentation classique du chœur des Muses, symbole de la créativité des intérêts.

3. Puissance narcissique et logos.

La civilisation se déterminera en tant que puissance par le rayonnement des œuvres, en opposition à la puissance narcissique héritée de la puissance du despote archaïque du modèle freudien.

4. Qu'est-ce en effet qu'un civilisé ?

La démarche adoptée ne préjuge pas, d'un point de vue descriptif, d'une définition a priori de la civilisation, mais d'un effort de différenciation par rapport à la culture.

5. Un modèle architectural : dehors et dedans. Amour et architecture.

Les civilisations athénienne, théologique, renaissante, trouvent avec le temple, le monastère, le Palais, l'illustration d'une communauté d'essence, dérivée de la mutation des relations élémentaires d'une communication symbolique de vis-à-vis dans une relation du dehors au dedans.

6. Amour et expression.

Il y a analogie entre l'expression amoureuse et l'organisation de la civilisation, pour autant que le destinataire du message amoureux a son équivalent dans l'appellation de la cité ou de la communauté monastique.

7. Composantes de la constructivité : amour et poésie.

Le style d'une civilisation rencontre son équivalent dans la tonalité poétique que l'expression amoureuse reçoit de son ancrage dans le " dedans " du " for intérieur " d'autrui. L'ethos civilisateur se définira dans cette vue comme identification d'un membre de la collectivité au foyer de communication de la civilisation.

II NORMATIVITÉ ET BARBARIE

8. La barbarie comme inversion de l'ethos civilisateur.

L'ethos civilisateur se définissant par les caractéristiques dont le civilisé emprunte au foyer de communication d'une civilisation les critères de son identification, ayant pour finalité la pérennité des œuvres où s'opère la mutation d'une culture de vis-à-vis, la barbarie représente le désaveu de cette constructivité, en particulier des vertus qui soutiennent chaque type de civilisation en sa spécificité - telles le courage dont se soutient l'autonomie, la fidélité dont se soutient l'esprit d'un lien communautaire, la loyauté dont se soutient le code d'une civilisation d'échanges dans la réciprocité.

9. La civilisation comme fête.
L'actualité des œuvres où s'exprime le génie du civilisé contribue, ainsi que l'énonçait Thucydide dans sa glorification de la constitution d'Athènes, à compter parmi ses traits fondamentaux le bonheur esthétique en tant que jouissance d'une coexistence créatrice.

10. L'ethos civilisateur et le civilisé.
Si le comportement du " civilisé " s'enracine en un type singulier de " civilisation ", chaque civilisation devra porter une prédisposition originale à la formation éthique des membres de la collectivité.

11. Pratique individuelle de l'ethos civilisateur.
Sous le titre de " l'ethos civilisateur " est visée la prédisposition spécifique d'une collectivité à privilégier une forme originale de mutation des rapports élémentaires de vis-à-vis dans leur actualisation en des œuvres assurées de la durée. Ainsi dira-t-on du courage qu'il est l'ethos civilisateur d'une civilisation démocratique, de la fidélité l'ethos civilisateur d'une civilisation monastique, de la loyauté l'ethos civilisateur d'une société d'échanges, telle la civilisation contemporaine.

12. Civilisation et esthétique : Voltaire.
Le passage du descriptif au normatif s'effectuera à la faveur d'une interprétation esthétique de la civilisation dont on trouve chez Voltaire une illustration exemplaire. La médiation de la communication par l'esthétique des œuvres prête en outre à la civilisation sa signification historique.

13. Esthétique voltairienne des " Grands Siècles ".
C'est ainsi que le siècle de Louis XIV offre à Voltaire le cadre dans lequel l'esthétique assure à la civilisation son titre à relever de la série des " Grands Siècles ".

14. La civilisation en tant que médiation de la communication par les œuvres.
De façon générale, toute civilisation constitue l'ensemble des œuvres où s'actualise en un langage original une symbolique de vis-à-vis.

III MODÈLES ARCHITECTURAUX

15. Spécificités du régime architectural de solidité.
La solidité architecturale se distingue de la massivité pour autant qu'elle intègre les vides de la construction.

16. Normes de la sociabilité de la civilisation athénienne.
De même que le temple reçoit de l'intériorité géométrique la loi de sa construction, la démocratie athénienne se détermine par son autonomie, exclusive de tout asservissement extérieur.

17. Signification existentielle du bâtiment religieux hellénistique.
Le bâtiment religieux de l'époque hellénistique projette dans son type constructif l'organisation qui est censée être celle de la création cosmique.

18. Construction monastique et organicité.
La communauté monastique trouve son expression dans la structure organique des bâtiments conventuels qui rendent ainsi lisible le chiffre d'une civilisation, c'est à dire la loi de constitution d'un type de communication.

19. Communauté civilisatrice et communauté transférentielle.
Le transfert analytique est l'expression duelle d'un rapport du sujet au noyau interne de la communication situé au for intérieur d'autrui, de même que la civilisation met la collectivité civilisée en relation avec le noyau d'un type de communication.

20. Accoutumance d'un ethos.
La prédisposition inscrite dans la collectivité par la permanence des œuvres issues de la mutation symbolique de la civilisation se manifeste subjectivement comme accoutumance.

21. Civilisation hellénique : des institutions aux mœurs.
Fondation architecturale et autonomie politique. Au-delà de la puissance qu'incarne la pérennité des œuvres, c'est par les mœurs que l'originalité d'un type de communication se manifeste.

22. Civilisation et jouissance.
La civilisation définit un type de jouissance pour autant que les œuvres sont les véhicules d'une actualisation du symbolique.

23. Le Palais renaissant : expression de la réciprocité dans le concept de droit naturel.
Le Palais en tant qu'édifice typique de la Renaissance a pour caractéristique l'aménagement des ouvertures assurant une réciprocité entre le dedans et le dehors équivalente à la continuité dans la solidarité introduite par le droit " naturel ".

24. De la Renaissance au Baroque.
La Renaissance étant un moment de civilisation, le Baroque un style, le problème se pose de leur affinité.

25. Energétisme et cosmologisme baroques.
Pouvoir, morphologie et pensée baroques se rejoignent dans l'expansion d'une énergie.

26. Une illustration : le colonialisme d'après Raynal.
L'ouvrage de Raynal traitant de l'expansion coloniale au XVIIIème siècle nous apporte, sur le mode critique, un tableau de l'expansionnisme baroque.

IV L'ÉTHIQUE CIVILISATRICE.

27. Caractéristiques principales du civilisé.
Langage. Identification dans une lignée. Philosophie. Ethos. Esthétique.

28. Perversion des caractéristiques du civilisé sous le régime barbare de la horde.
Langage de gestes. Assimilation groupale. Exclusion de l'extériorité.

29. L'atrocité.
L'inassimilable.

30. L'intérêt.
Développement des exigences d'expressivité en œuvres.

31. L'intérêt comme ethos civilisateur.
Le civilisé consacre la valeur du symbolique en tant qu'il y a jouissance esthétique d'un intérêt superflu.

32. Représentation statique des " droits de l'homme ".
Point de vue statique du respect des droits de l'homme. Point de vue dynamique du respect des intérêts humains.

33. L'esthétique en tant que normativité de l'expression.
La normativité de l'expression est un goût.

34. Normativité du langage. Essence normative du classicisme d'après Sainte-Beuve.

35. Le classicisme comme puissance d'expressivité.
Quel que soit le contenu de l'œuvre, elle est " classique " en ce sens qu'elle exprime l'expressivité comme telle.

36. Code et contrat.
Une société civilisée comporte un contrat sous forme implicite.

37. Point de vue normatif : le civilisé comme représentant d'une histoire.
Le civilisé représente " au sens esthétique ", une histoire en tant qu'il développe des intérêts en œuvres.

38. Point de vue normatif : Genèse du code, la lignée identificatrice.
Le code en tant que renouvellement d'une répétition symbolique.

39. Le civilisé en tant qu'autocritique : historicité de l'ethos.
Le civilisé en tant qu'autocritique est critique de ses œuvres dans le développement de ses intérêts.

40. L'autocritique en tant que garantie de la participation de l'ethos civilisateur.
L'autocritique opère la différenciation du narcissisme d'une individualité de la horde au civilisé.

41. L'assomption responsable des normes.
L'assomption des normes de l'ethos civilisateur constitue le civilisé en sujet responsable.

42. Conclusion. Des étapes du développement humain à l'assomption de l'ethos civilisateur.
Le développement par étapes, dont la notion est induite par Morgan, appelle une autocritique du sujet civilisé.
Morgan distinguait la civilisation de la sauvagerie et de la barbarie en tant qu'étapes du développement de la culture. Toutefois il méconnaît la promotion de la culture à la civilisation.
L'autocritique est l'action du sujet sur le développement humain en tant qu'elle met à distance le narcissisme issu du régime de la horde.

CULTURE ET CIVILISATION

1- Culture et civilisation.

La recherche que développent ces pages est issue d'abord d'un sentiment d'insatisfaction quant à l'usage contemporain du terme de " civilisé ". Cette qualification est généralement comprise, en opposition à celle de " barbare ", comme désignant le type de comportements qui s'inspirent du respect dû au principe des " droits de l'homme ", inconditionnellement posé en raison de l'universalité qu'y attache l'essence même de l'homme. Encore reste-t-il que le contenu des droits ainsi posés en principe comme universels n'est pas sans varier avec les collectivités auxquelles il revient de les prendre en charge. Plus précisément, la notion de " civilisé " apparaît comme relative à la spécificité de chaque civilisation. D'où la nécessité de lui donner pour fondement une interprétation de cette dernière notion. A cet égard est généralement tenue pour nécessaire une mise au point préalable dans la forme d'une discussion terminologique et analytique de la valeur respective des concepts de *culture* et de *civilisation*. Si nous abordons nous-même ici dès le départ cette problématique banale, c'est qu'elle situe notre réflexion sur le civilisé sous son jour naturel, à savoir la *communication*. Car entre la *culture* et la *civilisation*, c'est bien là que gît la différence. Nous désignons en effet la fonction de la culture comme celle d'une initiation aux moyens élémentaires d'une communication de vis-à-vis. Pour en distinguer la civilisation, nous aurons à faire choix d'un critère qui permette de déduire comparativement la spécificité de certaines formes de civilisation. Et ce critère parait engager dès le départ la conception que l'on se sera formée de la capacité formatrice des œuvres de civilisation.

Qu'Adrien Baillet (1849-1706), après avoir publié en 1891 *sa Vie de Descartes*, en ait donné lui même un abrégé en 1893, témoigne de l'intérêt avec lequel avait été reçue la première édition.
Devenu, de simple curé de campagne, bibliothécaire du président Lamoignon, sans doute aura-t-il puisé dans les ressources que lui apportait son état auprès de celui qui fut lié avec Bourdaloue, Boileau, Racine et Renard, et membre de l'Académie des Inscriptions, la matière de ses travaux d'érudition : *jugements des savants sur les principaux ouvrages,* une vie des Saints mise à l'index à Rome, et qui lui valent le surnon de " dénicheur de saints ". Peut-être jugera-t-on que le frontispice donné à la seconde édition de *sa Vie de Descartes* par cet érudit critique vient heureusement compléter, par la suggestion d'un intérêt encyclopédique et quasi alchimique, l'interprétation commune de Descartes considéré comme la source d'une lignée critique, et de ce fait enrichir notre notion globale de la civilisation comme puissance d'actualisation.
Quant à la composition du frontispice, Baillet l'élucidait lui-même en évoquant la vérité descendant du ciel. Le thème est en effet repris dans l'épître dédicatoire à Lamoignon où se trouve désignée, comme il est prévisible à l'intention de ce haut magistrat, l'association de la vérité à la justice. Ainsi, l'idée de civilisation se trouve-t-elle implicitement introduite pour autant que l'actualisation de la symbolique élémentaire en des œuvres intègre la dimension de la socialisation.

La Vie de M. Descartes

à Paris chez la veuve Mabre Cramoysi - MDCXCIII

2. Persuasion et violence.

Plus précisément si notre question, " qu'est-ce qu'un civilisé ? ", est prise de nos jours dans une acception normative, c'est en tant que le terme est compris par opposition à barbare comme impliquant l'observation de certaines règles de vie dont l'histoire contemporaine fait déplorer la transgression.

De ce point de vue et quoi qu'il en soit de son ultime définition normative, aucune image ne paraîtrait mieux convenir à illustrer la personnalité du civilisé que celle du chœur des Muses, et, dans cette évocation, particulièrement suggestive nous serait la notice que lui a consacrée Pierre Grimal dans son *Dictionnaire de la Mythologie*, et dont une brève analyse fixera les orientations maîtresses de notre recherche. Ne sont-elles pas tout d'abord filles de Mnémosyne et de Zeus et, d'emblée, cette double filiation n'est-elle pas une initiation à la double appartenance du civilisé, soulignant d'un côté l'héritage qu'il recueille de la tradition et d'autre côté la puissance qu'il tient de la polyvalence de ses intérêts.

Encore faudra-t-il bien préciser la nature de cette puissance ; en effet, écrit Grimal, « les Muses ne sont pas seulement les Chanteuses divines dont les chœurs et les hymnes réjouissent Zeus et tous les dieux, mais elles président à la pensée sous toutes ses formes, éloquence, persuasion, sagesse, histoire, mathématiques, astronomie. Hésiode vante à ce titre leurs bienfaits : ce sont elles qui accompagnent les rois et leur dictent des paroles persuasives, les mots qu'il faut pour apaiser les querelles et rétablir la paix entre les hommes. Elles leur rend le don de douceur qui les rend chers à leurs sujets. De même, dit Hésiode, il suffit qu'un chanteur, c'est-à-dire un serviteur des Muses, célèbre les exploits des hommes du passé, ou les dieux, pour que quiconque a des soucis et des chagrins les oublie aussitôt. »

Le plus ancien chant des Muses est celui qu'elles chantèrent après la victoire des Olympiens sur les Titans, pour célébrer la naissance d'un ordre nouveau.

3. Puissance narcissique et logos.

Aussi bien trouvons-nous, dans cette puissance de persuasion, l'attribut le plus caractéristique du civilisé dans son opposition à la violence du barbare. Bien plus, la notion de puissance dans l'acception où l'on envisage non seulement la violence elle-même, mais la jouissance prise dans son exercice, ouvrira précisément un champ de confrontation entre le " civilisé " et le " barbare ". Pour nous mettre en situation d'assister à l'avènement du civilisé, il ne sera donc que de suivre en ses différents moments le développement de la notion de puissance, de la puissance narcissique du despote archaïque tel que Freud en a dessiné la figure, à la puissance du logos dont se trouve héritière une communication médiatisée par les œuvres.

4. Qu'est-ce en effet qu'un civilisé ?

Notre réponse résultera d'abord, d'un point de vue descriptif, d'un effort pour dégager la notion du civilisé d'une construction de l'idée même de civilisation issue d'une distinction entre la culture et la civilisation. En bref, plutôt que de mettre à l'épreuve une représentation préconçue de la civilisation, pour en tirer celle du civilisé, nous chercherons à suivre les implications de cette caractéristique différentielle vers laquelle nous aura guidé son rapport à la culture, l'idée à laquelle nous nous attacherons étant que la civilisation désigne l'incarnation en des œuvres d'une organisation symbolique.

5. Un modèle architectural : dehors et dedans. Amour et architecture.

De ces principes généraux une illustration nous sera dès lors apportée par l'évocation de trois civilisations - athénienne, théologique, renaissante, dont le chiffre d'interprétation nous paraît donné par les types architecturaux respectifs du temple, du monastère et du

Palais. De ce point de vue, une civilisation apparaît comme la mutation des rapports de vis-à-vis relevant de la symbolique culturelle, mutation que spécifie une certaine relation entre un dehors et un dedans, entre un dedans et un dehors, transposable de la structure architecturale à la structure sociale. La phénoménologie en sera en outre développée en parallèle avec celle de l'amour dont l'organisation nous permet de comprendre le retournement en haine, principe, en sa transposition sociale, du retournement de l'état du civilisé en barbarie.

6. Amour et expression.

Que le meilleur de l'amour nous soit révélé par une anthologie littéraire nous porte à nous demander si l'amour ne serait pas en effet, et par constitution, issu précisément d'un processus d'expression, comparable à l'expression de la civilisation en ses œuvres caractéristiques. Ainsi l'entendrait-on dans cette vue comme une forme d'invocation, ou, plutôt, comme l'accent mis en toute expression sur son caractère d'invocation, le terme explicitant tout à la fois la parole à l'état naissant et l'insistance mise en l'occurrence sur l'appel porté à l'écoute de son destinataire. Ainsi comprendrait-on comment se pose la question de son rapport à la jouissance. Car l'invocation n'est jamais assurée de parvenir à l'écoute de son destinataire, dont la position, celle du grand A de Lacan, se trouve toujours en retrait de la présence sensible d'autrui.

De ce point de vue, la jouissance pourra se caractériser comme le témoignage que le sujet reçoit de l'actualisation de cette présence. Encore pourrions-nous préciser ce qui est ici en question en soulignant la portée de cette notion d'invocation dont nous sommes partis. Car le propre de l'invocation est de s'autoriser d'une appellation : elle est l'appellation sous laquelle intervient dans son actualisation la désignation d'un fondement de communication... En bref, sans doute dirions-nous que l'amour est l'élection d'un nom propre : du nom sous lequel précisément nous avons chance d'être entendu de l'être invoqué. Si la jouissance amoureuse est dans le témoignage de l'actualisation de l'être invoqué, et si celui-ci se détermine par l'élection d'un nom en ce qui concerne l'amour, et qui en ce qui touche la civilisation, exprime le rayonnement de l'appellation d'une cité, le problème que nous posera la jouissance trouvera l'une de ses composantes essentielles dans le mode d'actualisation qui revient par essence à l'actualisation de l'élu. Abstraction faite de l'enjeu d'une demande, en émane la singularité d'une vocalise, c'est-à-dire l'initiation à une poétique. Car l'invocation déploie un milieu de résonances entre le sujet et le foyer d'une réponse éventuelle à son message, et la tension qui en est constitutive n'est assurément pas neutre qualitativement, puisqu'elle porte déjà l'empreinte du creux que laisse dans la texture de l'invocation l'ignorance où nous sommes de l'expérience - de la jouissance - qui est appelée à porter témoignage de l'actualité d'une réponse. Et cette présence virtuelle dans l'absence est la poésie même. Peut-être, au demeurant, sera-t-on tenté d'y rapporter cet intérêt qui fut l'objet du débat entre Bossuet et les quiétistes à propos de l'oraison. Appartient-il, en effet, à l'oraison d'être une demande dont l'issue favorable reviendrait à une gratification du moi ? Ou bien, selon les vues de Bossuet, l'attente d'un assouvissement escompté du désir ne se suspendrait-elle pas à ce courant de vie, c'est-à-dire d'inquiétude, qui en est l'âme.

Il s'agit pour certains types de communication, de voir comment s'extériorise leur capacité expressive, c'est-à-dire le for intérieur de la collectivité, qui fait d'elle une communauté. Encore observera-t-on que les ensembles expressifs ainsi fondés se caractérisent par des degrés divers de consistance. Nous ne disons pas seulement qu'ils varient en consistance, mais aussi que cette consistance les caractérise pour autant qu'elle leur confère un style, et ce style nous semble précisément apporter la définition d'une civilisation. Alors qu'une culture représente l'ensemble des techniques qui assurent une collectivité de ses moyens de communication en vis-à-vis, une civilisation dispose pour une communauté du langage de ses œuvres, c'est-à-dire du mode d'incarnation de ces organisations symboliques de sa culture.

7. Composantes de la constructivité, amour et poésie.

Remarquons cependant qu'en prêtant une vertu poétique à cette jouissance amoureuse, nous ne préjugeons pas de la forme qu'elle est appelée à prendre, et en particulier de sa verbalisation ; simplement nous faciliterons-nous la compréhension de ce passage de l'expression non verbale à l'expression verbale à laquelle revient généralement la désignation de la poésie ; de même que nous prenons conscience des sources de cette poétique originaire dont l'expression verbale n'est que l'actualisation soutenue de la sonorisation d'une articulation verbale. Si cette dernière, au demeurant, peut garder son privilège dans la représentation du poétique, c'est que la sonorisation nous livre dans sa pureté l'essentiel de cette présence dans l'absence, ce phénomène d'écho dont la préfiguration nous est donnée par l'appariement du message à la position de retrait de son destinataire. En fait, toute figure du langage intérieur peut à cet égard tenir lieu de véhicule à quelque équivalent poétique du langage articulé, et si l'imaginaire du fantasme a sur nous puissance d'attrait, c'est qu'il retient cette qualité inhérente à toute trace de préserver une actualité abolie. Quant à la constitution de cette structure, elle nous pose le problème de la relation de la poétique au temps, problème dont l'élaboration est développée par l'article de la Verganglichkeit de Freud (1), inspiré du verganglich de Faust (2) : *" Alles verganglich ist nur ein Gleichnis "*.

En bref, la jouissance amoureuse nous apparaîtrait en sa substance poétique comme le mode sous lequel s'opère la liaison du temps. Plus précisément – et la référence freudienne à la psychanalyse de la mélancolie nous est en l'occurrence un guide –, la jouissance assure au moi une satisfaction narcissique, pour autant qu'elle en manifeste la solidarité essentielle avec la caractéristique essentielle du temps, de préserver ce qu'il abolit. Notre tâche serait alors de rechercher comment les diverses puissances du moi, de l'investissement libidinal à l'idéal du moi, diversifient cette expérience originaire, et au premier chef d'interroger à ce sujet les travaux de Marie-Claude Lambotte sur le discours mélancolique(3).

Après avoir tenté de caractériser l'amour en son rapport à la jouissance, resterait alors à s'interroger sur les conditions de la fixation amoureuse, qui d'évidence en constitue l'une des dimensions essentielles. Le problème est toutefois de se demander si cette détermination de l'objet d'amour en sa singularité relève du même registre du désir dans lequel nous avons situé le développement poétique de la jouissance amoureuse, ou si l'exigence qu'elle manifeste n'engage pas un aspect différent du moi, de l'ordre du besoin, c'est-à-dire du sentiment qui nous est imposé non seulement d'une écoute en l'Autre de notre propre singularité, mais d'une urgence vitale pour la satisfaction de laquelle nous est indispensable le concours d'autrui. En bref, la relation de l'amour à la jouissance ne serait pas indifférente à la classique opposition du besoin au désir.

Ainsi émergent en tant que problème directeur d'une représentation du civilisé les composantes subjectives principales de la constructivité, en laquelle consiste la mutation civilisatrice du symbolique en des âges historiquement incarnés : mutation de l'investissement affectif en intérêt, appropriation par les membres d'une communauté de l'identité qui la spécifie, pratique dans la prévalence d'un ethos individuel et collectif des valeurs dont les œuvres de civilisation sont les véhicules et qui seront désignées à ce titre comme ethos civilisateur, qu'il s'agisse soit des ressorts moraux valant pour la promotion de toute civilisation en général, soit de l'ethos spécifique, relativisé par telle civilisation.

8. La barbarie comme inversion de l'ethos civilisateur.

A l'opposé la barbarie se définira donc par l'inversion de cet ethos civilisateur. On fait à ce sujet généralement intervenir la notion des droits de l'homme. Avec la maîtrise de l'identification, une perspective nouvelle nous est cependant ouverte qui tienne compte plus précisément des conditions dans lesquelles l'humanité se constitue en partie intégrante de l'identité, par transmission dans la lignée, en réponse au " que suis-je ? " cartésien : je suis un homme. Réponse provisoire, on s'en souviendra, antérieure à la position du Cogito.

9. La civilisation comme fête.

Ces observations nous amènent en outre à prendre en considération le circuit du narcissisme collectif au narcissisme individuel. Il y a, en effet, un narcissisme de la horde qui est un narcissisme totalisant, lequel, en d'autres termes, étouffe tout narcissisme individuel.

Le modèle architectural de la civilisation, par contre, représente, dans l'idéal collectif des œuvres, l'ethos civilisateur qui préside au développement individuel de chaque membre de la collectivité. C'est en ce sens que l'idéal caractéristique de chaque civilisation en représente en ses œuvres le mode singulier de genèse. Aussi bien reconnaîtra-t-on une portée générale à la notation faite par Thucydide à propos de la constitution d'Athènes, selon laquelle l'exercice de cette constitution était par elle-même une fête. L'ensemble des constitutions répondrait-il donc à cet idéal ? Il traduirait simplement la disposition esthétique essentielle à la civilisation, ainsi que l'essentiel d'ailleurs de cette disposition esthétique en tant que capacité d'individuation, c'est-à-dire en tant que disposition à la singularité des œuvres et des expériences. A la recherche d'une définition du civilisé, cette référence apportera une contribution précieuse pour autant qu'elle illustre la coordination du mode architectural de la civilisation à la pratique propre à chacun des membres de la collectivité de l'ethos civilisateur, par lequel les organisations symboliques qui spécifient un type de civilisation s'incarnent historiquement dans le langage de ses œuvres. Ainsi nous orientons-nous vers une définition du civilisé privilégiant la singularité de l'agent social et qui, en même temps qu'elle permet de comprendre l'accentuation esthétique négative du comportement prédateur et destructeur du barbare, marque bien en quoi elle nous éloigne de la prévalence banalement conférée à l'universalité de l'essence humaine dans la conception généralement reçue des " droits de l'homme ". Loin que la normativité de la civilisation tienne ses titres de l'universalité du type humain, en vérité, le modèle architectural d'une civilisation dans le déploiement d'une relation du dedans au dehors, analogue à la relation amoureuse, a pour fonction de promouvoir la singularité des individus dont le développement tient sa discipline des caractéristiques de l'ethos civilisateur. Ainsi l'atrocité s'offre-t-elle comme la dislocation de l'image individualisée du civilisé.

Une édition de Gœthe de 1829, enrichie d'une série de gravures représentant une fête populaire dans les environs de Mayence, une scène d'idylle, et deux évocations des voyages italiens, un portrait de Frederica, l'apparition céleste d'un ange à un chercheur de trésors, et une scène du Carnaval romain, illustrent le rôle joué par Gœthe dans l'association de la fête au concept de civilisation.

Goethes W. 30.r Bd.

H. Ramberg del: F. Wagner sc.

Zur Campagne von Mainz

Gœthe's Werke - Tome 30

Goethes W. 25r Bd.

H. Ramberg del. C. A. Schwerdgeburth sc.

Die Bekehrte.

L. Schnorr del. F. J. Oberthür sc.

Italienische Reise. I.

Göthes W. 28 Bd.

L. v. Schnorr del. G. Leybold sc.

Italienische Reise. II.

M. Retzsch del. | F. Wagner sc.

Friederike

Gœthe's Werke - Tome 26

Gez. v. Thomas

Römische C

Gœthe's V

Goethes W. 29 Bd.

in Stahl gest. v. Dobler Prag

rals Szene

Goethes II: 21 Bd.

H Kamberg del. G Ruthwerdueturth sc.

Der Schatzgräber

Gœthe's Werke - Tome 24

Stuttgart und Tubingen in der G-S Sotta'fchen.Buch Handlung1829

10. L'ethos civilisateur et le civilisé.

A notre interrogation initiale : " qu'est-ce qu'un civilisé ? ", nous inclinons donc à proposer cet embryon de réponse. Un civilisé, conçu en tant que membre d'une collectivité civilisée, se définit par son intérêt pour le développement des potentialités individuelles dans l'esprit de l'ethos civilisateur spécifique de la civilisation dont il participe. Encore pourrions-nous étendre cette définition à l'ensemble institutionnel qui soutient cette formation. Un être capable de prendre en charge les potentialités individuelles ouvertes par un ethos civilisateur.

Le problème nous est alors posé de caractériser le ressort par lequel la communication de vis-à-vis acquiert le statut solide d'une œuvre de civilisation. En vérité, chaque civilisation relève d'un type de formation caractéristique, spécifiant en l'occurrence une version singulière de la notion générale d'un ethos civilisateur : tel le courage dans le contexte " démocratique " du temple hellénique, la fidélité dans le contexte de la société monastique, la loyauté dans le contexte de la civilisation renaissante où s'érige le Palais. Le civilisé participera donc de l'une de ces éthiques, variable selon le type de civilisation dont elle émane selon le modèle architectural où s'exprime le for intérieur d'un genre donné de communication. Quant au barbare, qui vit sous le régime de la horde en l'absence de toute communication médiatisée par des œuvres, le problème sera de discerner sous quelle action s'opère l'inversion de la normativité par laquelle se déployait l'ethos civilisateur dont il représente l'inversion, autrement dit de quelle source la horde tient l'énergie de l'atrocité.

L'ethos civilisateur vise le fondement de la communication en son for intérieur. Nous obtenons donc son inversion dès qu'en chacune de ses formes se substitue à l'altérité du fondement le sceau du narcissisme collectif de la horde : ainsi au courage le fanatisme ethnique du comportement destructeur, à la normativité de la fidélité la superstition, au formalisme des règles de l'échange la séduction

publicitaire. Encore pourra-t-on remarquer que si les diverses formes de la constructivité civilisatrice se consolident réciproquement, les comportements narcissiques se renforcent également les uns les autres : ainsi le fanatisme ethnique prête-t-il son énergie destructrice à la superstition. Ainsi encore cette dernière emprunte-t-elle sa légitimation à la mythologie du narcissisme ethnique. En bref dans le langage freudien, l'équivalent d'une psychanalyse dans le domaine social trouvera l'essentiel de son argumentation implicite dans la transposition des deux pôles de l'idéal du moi et du narcissisme.
Encore faudra-t-il prendre en compte l'aspect esthétique de l'expérience : le comportement destructeur et prédateur de la horde narcissique évoque, à l'opposé de la construction du modèle architectural de la civilisation, l'image qui appartient au contexte étymologique de l'atrocité : celle de la noirceur absolue, de l'absence de toute lumière que nous désignons ici paradoxalement comme une image, puisqu'il s'agit précisément de l'irreprésentable, d'un dedans sans dehors, de l'inexpressif absolu, ou du mutisme radical.
La horde barbare exclut en effet toute représentation de l'ethos civilisateur, c'est-à-dire tout modèle valable pour quelque collectivité que ce soit. La visée de l'altérité, en l'occurrence, ne pourra donc rapporter les individus qui la composent qu'à l'inexpressivité d'une inversion du modèle architectural dont se soutient le civilisé. Et c'est pourquoi le comportement barbare se trouve relever d'un critère négatif dans le registre de l'esthétique.

11. Pratique individuelle de l'ethos civilisateur.

Remarquons d'ailleurs que les critères de civilisation dont relèvent les illustrations que nous venons d'évoquer se réclament d'une exigence de continuité moins intellectuelle que sensible.
Dans cette vue, l'essentiel d'une formation civilisatrice s'inspire de la capacité de discernement des membres d'une collectivité entre la satisfaction narcissique de soi et le sentiment de plénitude qui

s'attache à la pratique de l'ethos civilisateur, autrement dit d'une exigence d'autocritique. En bref, le civilisé se caractérisera par son aptitude à mettre en question le dogmatisme narcissique de la collectivité.
Restera ici à déterminer comment se distribuent autour du foyer civilisateur les domaines de constructivité dans lesquels celui-ci exhibe sa spécificité. La métaphore architecturale de la civilisation souligne, comme essentielle à sa définition, la spécificité du rapport du dedans à un dehors, dont le modèle nous est primitivement apporté par l'amour dans l'opposition du for intérieur du sujet à son expression. Ainsi sommes-nous conduits à chercher une réponse à notre question " qu'est ce qu'un civilisé ? " dans la visée du fondement sous-jacent aux modes de constructivité des œuvres. De là cette suggestion de réponse à la question " qu'est ce qu'un civilisé ? " : le civilisé est un philosophe dans ce sens qu'il vise à l'expression du fondement latent de la communication.

12. Civilisation et esthétique : Voltaire.

Aussi bien, répondant au chœur des Muses évoqué au seuil de cette recherche, lui donnerons-nous enfin pour réplique à son terme, dans l'acception normative et non plus descriptive de la civilisation, l'admirable chapitre figurant chez Voltaire en tête du *Siècle de Louis XIV* et destiné à situer ce siècle parmi les grandes époques de la civilisation. Notre dessein étant notamment de nous préparer à comprendre, dans la ligne des hypothèses antérieurement développées, la destination originairement esthétique de la communication. On remarquera en effet que c'est par ses expressions artistiques que Voltaire cherche à nous rendre présente l'excellence de ce qu'il désigne comme les grands siècles de l'histoire de l'humanité.

13. Esthétique voltairienne des " Grands Siècles ".

« Ce n'est pas seulement la vie de Louis XIV qu'on prétend écrire ; on se propose un plus grand objet. On veut essayer de peindre à la postérité, non les actions d'un seul homme, mais l'esprit des hommes dans le siècle le plus éclairé qui fut jamais.

« Tous les temps ont produit des héros et des politiques : toutes les histoires sont presque égales pour qui ne veut mettre que des faits dans sa mémoire. Mais quiconque pense, et ce qui est encore plus rare, quiconque a du goût, ne compte que quatre siècles dans l'histoire du monde. Ces quatre âges heureux sont ceux où les arts ont été perfectionnés, et qui, servant d'époque à la grandeur de l'esprit humain, sont l'exemple de la postérité.

« Le premier de ces siècles, à qui la véritable gloire est attachée, est celui de Philippe et d'Alexandre, ou celui de Périclès, des Démosthène, des Aristote, des Platon, des Apelle, des Phidias, des Praxitèle ; et cet honneur a été renfermé dans les limites de la Grèce ; le reste de la terre alors connue était barbare.

« Le second âge est celui de César et d'Auguste, désigné encore par les noms de Lucrèce, de Cicéron, de Tite-Live, de Virgile, d'Horace, d'Ovide, de Varron, de Vitruve.

« Le troisième est celui qui suivit la prise de Constantinople par Mahomet II. Le lecteur peut se souvenir qu'on vit alors en Italie une famille de simples citoyens faire ce que devaient entreprendre les rois de L'Europe. Les Médicis appelèrent à Florence les savants que les Turcs chassaient de la Grèce ; c'était le temps de la gloire de l'Italie. Les beaux-arts y avaient déjà repris une vie nouvelle ; les Italiens les honorèrent du nom de vertu, comme les premiers Grecs les avaient caractérisés du nom de sagesse. Tout tendait à la perfection. Les arts, toujours transplantés de Grèce en Italie, se trouvaient dans un terrain favorable, où ils fructifiaient tout à coup. La France, l'Angleterre, l'Allemagne, l'Espagne, voulurent à leur tour avoir de ces fruits : mais ou ils ne vinrent point dans ces climats, ou bien ils dégénérèrent trop vite.

« François Ier encouragea des savants, mais qui ne furent que savants : il eut des architectes, mais il n'eut ni des Michel-Ange, ni des Palladio : il voulut en vain établir des écoles de peinture ; les peintres italiens qu'il appela ne firent point d'élèves français. Quelques épigrammes et quelques contes libres composaient toute notre poésie. Rabelais était notre seul livre de prose à la mode, du temps de Henri II.

« En un mot, les Italiens seuls avaient tout, si vous en exceptez la musique, qui n'était pas encore perfectionnée, et la philosophie expérimentale, inconnue partout également, et qu'enfin Galilée fit connaître.

« Le quatrième siècle est celui qu'on nomme le siècle de Louis XIV, et c'est peut-être celui des quatre qui approche le plus de la perfection. Enrichi des découvertes des trois autres, il a plus fait en certains genres que les trois ensemble. Tous les arts, à la vérité, n'ont point été poussés plus loin que sous les Médicis, sous les Auguste, et les Alexandre ; mais la raison humaine en général s'est perfectionnée. La saine philosophie n'a été connue que dans ce temps, et il est vrai de dire qu'à commencer depuis les dernières années du cardinal de Richelieu jusqu'à celles qui ont suivi la mort de Louis XIV, il s'est fait dans nos arts, dans nos esprits, dans nos mœurs, comme dans notre gouvernement, une révolution générale qui doit servir de marque éternelle à la véritable gloire de notre patrie. Cette heureuse influence ne s'est pas même arrêtée en France ; elle s'est étendue en Angleterre ; elle a excité l'émulation dont avait alors besoin cette nation spirituelle et hardie ; elle a porté le goût en Allemagne, les sciences en Russie ; elle a même ranimé l'Italie, qui languissait, et l'Europe a dû sa politesse et l'esprit de société à la cour de Louis XIV.

« Il ne faut pas croire que ces quatre siècles aient été exempts de malheurs et de crimes. La perfection des arts cultivés par les citoyens paisibles n'empêche pas les princes d'être ambitieux, les peuples d'être séditieux, les prêtres et les moines d'être quelquefois remuants et fourbes. Tous les siècles se ressemblent par la méchanceté des hommes ; mais je ne connais que ces quatre âges distingués par les grands talents.

« Avant ce siècle que j'appelle de Louis XIV, et qui commence à peu près à l'établissement de l'*Académie française*, les Italiens appelaient tous les ultramontains du nom de barbares ; il faut avouer que les Français méritaient en quelque sorte cette injure. Leurs pères joignaient la galanterie romanesque des Maures à la grossièreté gothique. Ils n'avaient presque aucun des arts aimables, ce qui prouve que les arts utiles étaient négligés, car lorsqu'on a perfectionné ce qui est nécessaire, on trouve bientôt le beau et l'agréable ; et il n'est pas étonnant que la peinture, la sculpture, la poésie, l'éloquence, la philosophie, fussent presque inconnues à une nation qui, ayant des ports sur l'Océan et sur la Méditerrannée, n'avait pourtant point de flotte, et qui, aimant le luxe à l'excès, avait à peine quelques manufactures grossières. Les Juifs, les Génois, les Vénitiens, les Portugais, les Flamands, les Hollandais, les Anglais, firent tour à tour le commerce de la France, qui en ignorait les principes. Louis XIII, à son avènement à la couronne, n'avait pas un vaisseau : Paris ne contenait pas quatre cent mille hommes, et n'était pas décorée de quatre beaux édifices ; les autres villes du royaume ressemblaient à ces bourgs qu'on voit au-delà de la Loire. Toute la noblesse, cantonnée à la campagne dans des donjons entourés de fossés, opprimait ceux qui cultivent la terre. Les grands chemins étaient presque impraticables ; les villes étaient sans police, l'Etat sans argent, et le gouvernement presque toujours sans crédit parmi les nations étrangères.
« On ne doit pas se dissimuler que, depuis la décadence de la famille de Charlemagne, la France avait langui plus ou moins dans cette faiblesse, parce qu'elle n'avait presque jamais joui d'un bon gouvernement.
« Il faut, pour qu'un État soit puissant, ou que le peuple ait une liberté fondée sur les lois, ou que l'autorité souveraine soit affermie sans contradiction. En France, les peuples furent esclaves jusque vers le temps de Philippe-Auguste ; les seigneurs furent tyrans jusqu'à Louis XI, et les rois, toujours occupés à soutenir leur autorité

contre leurs vassaux, n'eurent jamais ni le temps de songer au bonheur de leurs sujets, ni le pouvoir de les rendre heureux »[4]

Ces manifestations artistiques traduisent en effet l'éclat du for intérieur, ou noyau constitutif, de chaque type de communication en son surgissement.

14. La civilisation en tant que médiation par les œuvres.

Dans la perspective ouverte par la recherche différentielle d'un fondement de la communication, la civilisation pourrait alors nous apparaître comme le cadre de référence dans lequel ces organisations symboliques spontanées se donnent en des œuvres les conditions de leur pérennité. Ce qui reviendrait à dire que la civilisation est la figure sous laquelle une culture considérée en tant qu'initiation spécifique à des relations symboliques de vis-à-vis s'insère dans la trame d'une histoire par la médiation des œuvres.

MODELES ARCHITECTURAUX

15. Spécificités du régime architectural de solidité.

De là résulte que l'approche d'une civilisation ou la découverte de son chiffre se fera au premier chef à travers les critères de solidité qui lui sont propres, c'est-à-dire sur les caractéristiques d'un régime architectural où s'exprime historiquement un type d'organisation symbolique. Prenons-en pour exemples : la civilisation athénienne, la civilisation théologique, la civilisation de la renaissance, la civilisation classique, la civilisation moderne.

Chacun des types monumentaux représentera donc un type de sociabilité dont on se demandera s'il ne serait pas possible de restituer le chiffre, c'est-à-dire la loi qui en détermine les normes.

Posons alors d'emblée dans une vue comparative les affinités que nous suggèrent les normes de construction respectives de ces types architecturaux, les normes de sociabilité dont ils relèvent nous paraissent s'ordonner.

S'il est vrai que chacune d'elles incarne un type de solidité, nous avons à faire choix de la structure architecturale qui en propose res-

pectivement la meilleure illustration soit, par exemple : de la civilisation athénienne, le temple, de la civilisation théologique, le monastère, de la civilisation de la renaissance, le Palais, de la civilisation classique, le château, de la civilisation moderne, la maison communale ou la maison d'habitation correspondant à son chiffre, à savoir l'habitation bourgeoise de la collectivité.
Encore faudra-t-il distinguer entre la masse et la solidité. La solidité est la qualité par laquelle est maintenue la forme et l'organisation d'un ensemble matériel. Sans doute mieux que tout autre édifice, le temple athénien permet-il d'illustrer cette distinction. La solidité en l'occurrence se caractérisant en opposition à la massivité pour autant qu'elle intègre ses vides à la masse, en sorte que l'élément solide se manifeste dans la fonction de support dans la colonne et l'emblème. Plus précisément l'assise du bâtiment reposera sur l'équilibre géométriquement garanti des solides. Ainsi, s'il est vrai que si le temple se donne à ce titre au regard comme la figure d'une civilisation, c'est que cette loi interne de constitution architectonique apparaît comme l'équivalent matériel d'un principe d'autonomie, principe dont par ailleurs la civilisation grecque se réclamera dans l'ordre social en opposition à l'assujettissement du sujet de la collectivité qui est le propre du barbare.

Connu sous le nom de Théséion, le temple du Vème siècle
originairement à Hephaïstos, dieu du
Thésée, héros national d'Athènes et notamment artisa
cité d'installations non encore justifi
Ainsi le temple offre-t-il, dans la rigueur de son équilibre architecton
démocratique d'Athènes entre l'intériorité

Nord-Ouest de l'Acropole, et qui paraît être voué
socie à la légende de Thésée celle d'Héraklès.
noecisme, c'est-à-dire de la confédération en une même
l'identité d'une communauté politique.
ustration exemplaire d'une équivalence caractéristique de la société
de construction et le principe de l'autonomie politique.

16. Normes de la sociabilité de la civilisation athénienne.

Quant aux normes de sociabilité de la civilisation athénienne dont l'intériorité mathématique de la construction géométrique du temple nous apparaît comme le chiffre, on en trouvera en effet le modèle achevé dans l'oraison funèbre prononcée par Périclès au deuxième livre de la *Guerre du Péloponnèse*,[6] qui promeut cette intériorité dans l'indépendance de la démocratie vis-à-vis de tout pouvoir extérieur : « Une vertu caractérise la vie des Athéniens, explique-t-il, la soumission aux autorités établies dans la mesure où elle se confond avec le respect des lois et de ce fait tient de son esprit d'indépendance le goût des délassements et des jeux ». En bref, la cité athénienne et chacune de ses caractéristiques émanent donc de son autonomie, de même que l'architectonique du temple tire de son propre fonds le principe mathématique de sa constructivité.

Sans doute nous objecterons-nous qu'une telle configuration architecturale n'a pas laissé de survivre à cette forme de civilisation dans la mesure où la valeur d'autonomie caractéristique de la civilisation athénienne s'est éclipsée dans l'empire romain alors que lui survivaient les configurations architecturales que nous prétendions d'ordre solidaire. Interrogeons cependant Vitruve, on remarquera que la caractéristique essentielle à ses yeux de la construction architecturale s'éloigne précisément de celles que nous proposait fondamentalement la maîtrise grecque dans son style original : de façon générale, en effet, la définition que nous donne Vitruve de l'architecture souligne le principe de la qualité dans l'organisation, soit, en correspondance avec les termes grecs, ordination en correspondance avec le grec *taxis* pour désigner l'ordre, disposition en correspondance avec le grec *diathesis* pour désigner l'arrangement.

17. Signification existentielle du bâtiment religieux hellénistique.

Tandis que l'assise du bâtiment hellénique repose donc sur l'assise géométriquement garantie des solides, le bâtiment théologique se soutiendra de la transcendance existentielle de son fondement et n'a d'autres garanties que son vide interne. Aussi bien le développement de l'architecture monastique tiendra-t-il dans l'évolution des formes au travers desquelles transparaît la béance d'avant la création, cette béance qui est exigence de création, exigence d'une individuation existentielle.

Au départ prenons pour exemple de cette symbolique le déploiement de cette création célébrée par le poème anonyme de Sainte Sophie d'Édesse, la toiture comparée à la toiture des cieux, les mosaïques d'or aux constellations, la coupole à la partie supérieure du ciel.[(5)]

18. Construction monastique et organicité.

Porter en soi-même le principe de sa propre constitution, tel était le privilège de la communauté démocratique à laquelle appartient le citoyen à l'opposé du barbare, dont c'est la condition d'être assujetti à un pouvoir extérieur.

Soit maintenant la civilisation que l'on peut qualifier de monastique. « Les Bénédictins, écrivait Lebras, ont toujours manifesté une forte propension à la construction.[(7)] Ils ne semblent pas devoir s'en défaire alors même que les conditions d'existence se révèlent précaires. Confortablement installé dans une vieille abbaye, un préfet s'en étonnait vers 1897. Pourquoi les moines ont-ils toujours besoin de tant construire ? Les Bénédictins, poursuit Lebras, aiment les constructions amples, ce qui ne veut pas dire qu'ils se trouvent perdus au milieu d'édifices immenses. Et parfois ils préfèrent un monastère plus restreint, plus intime. En période de ferveur générale, les vocations se multiplient plus vite que les mœurs s'élargissent. Les monastères qui se succèdent à Cluny de la fin du Xe au début du XIIe siècle illustrent bien cette course, stimulée par l'afflux des moines. Dans la mesure où ils peuvent se rendre indépendants des conditions matérielles, les Bénédictins ont leur programme architectural oscillant entre deux tendances de se tenir au coude à coude et de s'isoler. Par ses dimensions, leur maison traduit ces deux pôles de leur vie et de leur organisation : le cénobitisme prolongé qui rappellerait par certains côtés la vie des militaires enrégimentés, l'érémitisme mitigé qui réunit les solitaires dans un cadre assez large. Ces deux caractères, on les peut vérifier dans le détail des deux arrangements. Presque toujours, de sa masse, l'église domine l'ensemble. Celui-ci s'ordonne autour d'une ou plusieurs cours intérieures au tracé régulier bien d'équerre. Tout est englobé derrière des façades simples et droites, l'esprit rationnel du XVIIIe siècle s'est dépensé en tout pays pour réaliser des monastères parfaitement disposés. Le XIIIe siècle aussi avait connu les ensembles simples, harmonieux, classiques. Saint-Martin-des-Champs aujourd'hui, en plein Paris, évoquerait la silhouette d'une telle réalisation. D'autres périodes par nécessité ou par goût présentent des monastères aux bâtiments enchevêtrés, disparates, plantés de guingois, multiples. Rien de plus révélateur que de feuilleter les planches rassemblées par Dom Michel Germain vers 1680 dans son *Monasticum Gallicanum*, à une époque ou la congrégation de Saint Maur n'avait encore reconstruit que bien peu de ces maisons : diversité des plans et variété des élévations, bâtiments de toute espèce voisinant tant bien que mal. Si les édifices n'achèvent pas même le tour complet du cloître, là un fouillis de constructions fait ressembler un monastère à un village. Au IXe siècle également, ce que nous pouvons savoir de quelques monastères même chronologiquement ordonnés trahit une complexité architecturale dont les diverses basiliques et oratoires constituent le centre. »

Nous suivrons donc l'hypothèse qu'une civilisation se caractérise au mieux par un type architectural, c'est-à-dire par l'insertion historique sous les espèces d'une œuvre solide d'une organisation symbolique des rapports de communication primitifs. Reste à comprendre cependant à quel titre la construction architecturale est investie d'une telle valeur. D'abord soulignera-t-on dans cette vue que la fonction originaire de l'édifice est de dissocier un dedans d'un dehors. En bref la configuration architecturale se caractérise d'après l'interprétation qu'elle donne du dedans. Par constitution, le dedans se désignera comme le for intérieur du social, c'est-à-dire des rapports de communication dont la société est tissée ; de ce seul fait, elle sera visée comme pôle d'investissement : la civilisation qu'illustre la qualité architecturale se traduira donc par la solidarité de chacun des membres de la communauté avec son semblable, sur lequel il visait une carence de présence, c'est-à-dire le vide ouvert au cœur des organisations symboliques en tant que telles.

Envisageant maintenant la civilisation monastique, s'interroge-t-on sur le chiffre d'une civilisation illustrée par ce type d'édifice des ensembles monastiques, on se demandera de quel principe tient la solidité de ce qui le spécifie ; une réponse nous est alors apportée par la sacralisation de l'écriture dont la syntaxe remplit en l'occurrence une fonction analogue à celle de l'ordre géométrique dans la statique de l'architecture du temple dans la civilisation athénienne. Quant à son principe, il se laissera reconnaître dans la règle monastique, organisatrice de la communauté ainsi que le montre la règle de Saint Benoît qui dans la distribution des rangs découvre en son *chapitre II* le principe appelé à régir la construction monastique et, de façon plus générale, l'architecture religieuse du temps, à savoir le principe d'organicité héritier de la symbolique existentielle de la création. Dans ce principe d'organicité nous pouvons en effet reconnaître une des expressions de la créativité, l'affinité de l'ordre cosmique et de l'ordre constitutif de la communauté humaine en son essence la plus pure.

Si tel est le chiffre d'un type de civilisation, l'analyse consistera donc à retrouver en tant que mode de la communication la parole révélatrice

de la communauté, la parole instauratrice de l'ordre, autrement dit la Règle, comme sujet de l'énonciation.
Quant à la civilisation de la Renaissance, elle se réalise sous les espèces du Palais. Le chiffre du Palais c'est l'appel à l'incarnation du sujet en son lieu d'individuation, de là donc passe-t-on au château puis à l'habitation, selon le statut du sujet appelé à y déclarer son titre.

L'organicité de la construction monastique trouve une illustration remarquable dans la Chartreuse du Val de Bénédiction fondée en 1356 par le Pape Innocent VI à Villeneuve-lès-Avignon. Aussi bien, pouvait écrire Gabriel Le Bras dans le chapitre que consacre aux chartreux son ouvrage sur les Ordres religieux, La vie et l'art (p.563), « aucun site n'est plus impressionnant que celui d'une très ancienne chartreuse. C'est un lieu bien isolé, d'accès difficile, qui peut n'être pas stérile et qui, toujours, offre un asile privilégié pour la vie contemplative, souvent une vallée en cul-de-sac, au débouché d'une gorge étroite, un *désert* dans le langage cartusien. Un alignement de petites maisons symétriques, parallèles, non mitoyennes pour assurer un parfait isolement, entourent une église et des chapelles dont les clochetons dépassent la ligne des toits. Autant de petits monastères, qui forment le grand monastère, autant d'ermitages associés en cœnobium : cette harmonieuse architecture révèle des cellules de solitaires qui pourront se réunir dans des bâtiments communs, c'est-à-dire, comme chez les camaldules, une combinaison des deux types fondamentaux du monachisme. C'est le seul ordre religieux qui ait, depuis le XIIIème siècle, une architecture commune bien révélatrice du genre de vie des habitants. Toutes les chartreuses ont à peu près le même plan. Les bâtiments communautaires, église, chapitre, réfectoire sont groupés autour du petit cloître. » En bref, tout le développement de Le Bras mériterait d'être cité en guise de commentaire exemplaire du principe d'organicité qui régit le type le plus fini d'une construction monastique exaltant la signification architectonique du silence et de l'ascétisme.

SIA VILLÆ NOVÆ *alias* VALLIS BENEDICTIONIS PROPE AVENIONEM
a ... Innocentio VI, summo Pontifice fundata Anno 1356

19. Communauté civilisatrice et communication transférentielle.

Les diverses formes de la normativité une fois reconnues, resterait à mieux comprendre comment d'une façon générale s'exerce la puissance dont elle dispose sur le développement individuel des sujets qui relèvent de l'un des types de communauté civilisatrice qui leur correspondent. Or, il semble que nous disposions à cet égard d'un modèle suggestif qui est celui du transfert dans la communication analytique, et ce rapprochement tient au premier chef à l'équivalence de la polarisation civilisatrice avec la polarisation transférentielle. De la promotion civilisatrice des organisations symboliques, nous avons en effet pointé l'origine dans le for intérieur de la communication d'une collectivité. Non sans avoir relevé l'affinité de cette relation avec la polarisation amoureuse sur le for intérieur d'autrui. En quoi consiste donc la formation transférentielle ? L'enseignement apporté par Freud est essentiellement celui-ci que la formation par le transfert est une mise en forme de l'équipement pulsionnel, c'est-à-dire de l'organisation symbolique du premier niveau. L'équivalent en est dans la culture l'organisation de la communication en vis-à-vis non encore médiatisée par les œuvres qui sont du ressort de la civilisation.

20. Accoutumance d'un ethos.

Encore faudrait-il se demander si la pratique de ces comportements relevant de la vie quotidienne n'est pas une condition préalable de l'épanouissement de la civilisation en son niveau propre. Plus précisément cette accoutumance d'un ethos, si elle ne nous apporte pas la définition d'une civilisation, pourrait apparaître comme indispensable à la mise en relief des caractéristiques du civilisé considéré en tant qu'individu. Autrement dit, à travers les mœurs où s'exprime le style de vie d'une communauté transparaissent les valeurs qui la spécifient dans ses œuvres. Il existe donc en ce sens une formation à la civilisation dont nous comprendrons l'apport des racines d'après les conditions d'identification entièrement rapportées au développement d'une lignée et à la constitution normative d'un corps. Ajoutons que les mœurs d'une façon très générale portent d'ailleurs en elles une vertu d'expansion telle que les qualités qui les marquent en un domaine caractéristique d'expérience sont transposables spontanément en d'autres domaines d'environnement : par exemple les mœurs de table en mœurs de langage, celles-ci en mœurs d'habitation. Qu'allons nous tirer de cette polyvalence éthique en ce qui touche à la formation à la civilisation ? Une suggestion précieuse nous serait apportée par la *Civilité puérile* d'Érasme[(8)], texte destiné à illustrer en règles élémentaires d'une communauté le phénomène que nous visons. Simplement serait-il nécessaire de souligner que ces affinités entre divers domaines de comportement concourent à la formation civilisatrice dans la mesure ou elles rendent les individus participables d'une même histoire dont la fonction est de souder entre eux les apports respectifs des générations. Autrement dit, la civilisation prise en son acception normative tient son inspiration de la transmission sélective des traits qui en marquent les divers domaines, comme la perpétuation de l'idéal du moi, et qui forment la trame de sa vie quotidienne. Dans cette perspective un civilisé apparaît comme un sujet dont l'organisation pulsionnelle peut être instituée par une histoire collective.

21. Civilisation hellénique : des institutions aux mœurs. Fondation architecturale et autonomie politique.

Nous serons cependant passés en l'occurrence des problèmes généraux de l'incarnation de la culture aux problèmes de l'éducation civilisatrice. Qu'est-ce à dire ? Reportons-nous à l'éloge que nous donne Thucydide de la constitution d'Athènes et que nous avons cité en témoignage déjà d'une affinité entre le principe politique d'une autonomie et l'intériorité du fondement architectural du temple. Et si nous reprenons ici ce texte, c'est qu'il nous paraît également apporter sa contribution privilégiée à ce que peut être la notion d'une éducation civilisatrice. La portée en tient d'abord à la déduction qu'y développe Thucydide de l'autonomie politique à la jouissance qu'elle garantit au citoyen. Au départ le fondement que cette autonomie assure à la vie collective garantit avec l'indépendance de chacun l'aisance caractéristique des relations de vis-à-vis.

« La constitution qui nous régit n'a rien à envier aux autres peuples ; elle leur sert de modèle et de limite. Elle a reçu le nom de démocratie parce que son but est l'utilité du plus grand nombre et non celle d'une minorité. Pour les affaires privées tous sont égaux devant la loi. Mais la considération ne s'accorde qu'à ceux qui se distinguent par quelque talent. C'est le mérite personnel, bien plus que les distinctions sociales, qui fraye la voie des honneurs. Aucun citoyen capable de servir la patrie n'en est empêché par l'indigence, par l'obscurité de sa condition. Libres dans notre vie publique, nous ne scrutons pas avec une curiosité soupçonneuse la conduite particulière de nos concitoyens, nous ne les blâmons pas de rechercher quelques plaisirs, nous n'avons pas pour eux ces regard improbateurs qui blessent mais ne frappent pas. »

De là passons-nous aux garanties assurées aux citoyens.

« Malgré cette tolérance dans le commerce de la vie nous savons respecter ce qui touche à l'ordre public ; nous sommes pleins de soumission envers les autorités établies ainsi qu'envers les lois, surtout envers celles qui ont pour objet la protection des faibles, et celles qui pour n'être pas écrites ne laissent pas d'attirer à ceux qui les transgressent un blâme universel. »

D'où l'atmosphère de fête qui règne dans la cité : « Nous avons ménagé à l'esprit des délassements sans nombre, soit par des jeux et les sacrifices périodiques, soit dans l'intérieur de nos maisons par une élégance dont le charme journalier dissipe les tristesses de la vie.

La grandeur de notre ville fait affluer dans son sein les trésors de toute la terre et nous jouissons aussi complètement des produits étrangers que de ceux de notre sol. »

Ainsi la liberté se trouve-t-elle déplacée du domaine institutionnel à celui des mœurs où elle se confond avec celle d'une jouissance collective.

Revenons-nous maintenant aux dimensions principales qui ont été assignées à la civilisation en tant qu'incarnation historique d'une culture de vis-à-vis, l'illustration que vient de nous en proposer Thucydide nous ouvre à cette perspective de recherche qu'aurait à y être située par rapport à la jouissance la référence aux fondements de la communication ainsi que la référence à la constructivité ; et si nous avons cru légitime d'y insérer le thème de l'éducation, c'est que ce dernier champ a précisément pour privilège de nous signifier les coordonnées de base de la jouissance.

Sans doute le courant transférentiel nous apporte-t-il la meilleure approche de la polarisation du sujet sur le fondement de la communication ; quant aux problèmes de la civilisation, encore reste-t-il à y rapporter en l'occurrence les conditions sous-jacentes à la constructivité et nous ne pouvons laisser de souligner l'enrichissement qu'aporte encore à notre réflexion le fait qu'il s'agisse de la succession des générations.

22. Civilisation et jouissance.

Nous disons en effet que ce qui est ici en cause est l'expérience de la jouissance, et d'une jouissance intégrée au phénomène de la civilisation dans la mesure ou celle-ci trouve son fondement dans l'organisation culturelle de la vie sous les aspects d'œuvres assurées de la durée. Or ces œuvres, si elles sont les créations d'une génération, confèrent à la civilisation une puissance novatrice qui dans la perspective de chaque sujet est gage d'émerveillement. En bref une civilisation est par essence l'objet d'une jouissance en tant qu'elle figure matériellement une vague imprévisible de l'existence collective. Et c'est aussi pourquoi nous nous sommes interrogés sur un éventuel rapprochement entre la formation éducative et la formation civilisatrice.

Que la civilisation soit un aspect de la jouissance collective ressort à l'évidence de son statut de mutation actualisante du symbolique. Dans cette perspective, la position de Helvétius apparaît exemplaire, comme l'attestent en particulier les arguments de son poème allégorique sur le bonheur, dont on devra se borner à citer les premières lignes.

"Argument du chant I : Le poète cherche dans quel état et dans quelle sorte de biens la nature a placé le bonheur.

Argument du chant II : Les richesses sont moins des biens réels que le moyen d'en acquérir...

Les chercher pour elles-mêmes, c'est n'en pas connaître l'usage.

Argument du chant III : L'homme le plus heureux est celui qui rend son bonheur le moins dépendant des autres, et en même temps celui qui possède plusieurs goûts auxquels il commande. C'est l'homme qui aime l'étude et la science. Il ne renonce point aux plaisirs des sens mais il les maîtrise. La poésie, la musique, la peinture, la sculpture, l'architecture sont pour lui de nouvelles sources de plaisir.

Exorde du chant quatrième : Compagne des vertus, sublime vérité, qu'instruit par tes leçons, guidé par ta clarté, l'homme apprenne de toi que c'est le plaisir même, l'âme de l'univers, le don d'un Dieu suprême qui lui fera trouver, loin des mortels jaloux, son bonheur personnel dans le bonheur de tous...

Le progrès des connaissances peut seul faire le bonheur général et particulier.

Argument du chant sixième en forme d'épître sur les Arts : Les talents, dit l'ignorance, sont le malheur de ceux qui les possèdent...

Les sciences sont inutiles au bonheur du genre humain.

Ainsi parle le peuple ; mais il ignore que les Arts doivent leur progrès aux sciences...

Le luxe n'est un mal que dans les Etats mal gouvernés."

LE BONHEUR,

POEME,

EN SIX CHANTS.

Avec les Variantes à la fin de chaque Chant.

PAR MONSIEUR HELVETIUS.

NOUVELLE EDITION.

Où l'on a joint une suite de Lettres écrites à l'Auteur, par M. de VOLTAIRE.

A LONDRES.

M DCC LXXVI.

Helvetius

23. Le Palais renaissant : expression de la réciproque dans le concept de droit naturel.

Recherchons-nous alors quel pourrait être le chiffre de la civilisation de la Renaissance, nous nous laisserons donc d'emblée guider par l'analogie de l'équilibre dont la loi de la construction antique nous a transmis le modèle, avec l'harmonie que se propose l'organisation architecturale du palais classique. Analogie formelle qui laisse entière la question de l'identité des structures et du principe de leur genèse respective. La discipline architecturale de l'édifice antique dont nous avons pris pour modèle privilégié le temple grec repose en effet sur l'expression statique d'une rationalité mathématique. De ce type d'équilibre se distinguera au temps de la Renaissance la notion qualitative d'un ordre inspiré de la réciprocité des rapports humains et dont l'expression la plus simple nous serait apportée par le concept de droit naturel.

Aussi bien la découverte dont Charles VIII s'est émerveillé en Italie et dont il a apporté en France les enseignements est-elle celle des jardins dans lesquels sont sertis des châteaux. En sorte que les constructions de la Renaissance française se sont caractérisées par la solidarité de l'architecture civile et de son cadre naturel d'un double point de vue : d'une part dans la préoccupation qu'ont eue les paysagistes venus d'Italie d'apparier la construction à son site, d'autre part dans le travail d'une ornementation qui prête à la pierre l'aspect d'une croissance végétale. Ainsi l'assimilation de la Renaissance française a-t-elle confirmé la spécificité du chiffre que nous a suggéré la promotion philosophique qui lui est dûe, celle du droit naturel.

Suivrons-nous les conséquences naturelles d'une telle interprétation à travers les manifestations généralement considérées comme spécifiques de l'esprit de la Renaissance : c'est en Italie, d'après Burckhardt, « la qualification de l'Etat comme œuvre d'art, la résurrection de l'antiquité, la découverte du monde et de l'homme, un type de sociabilité et la pratique des fêtes, un type de mœurs et de religion. »

"L'Etat conçu comme une œuvre d'art". La formule de Burckhardt nous renvoie à la représentation de l'Etat comme d'une totalité organique dont on peut qualifier la structure comme dotée des traits d'une individualité naturelle, la civilisation qui s'y exprime se trouvant ainsi marquée des traits de la spontanéité.

Est-ce à dire qu'une telle organisation de l'Etat contrevient au goût d'une résurrection de l'antiquité ?

Bien plutôt cette résurrection témoignerait-elle de l'ambition de découverte de l'homme que Burckhardt a signalée comme l'une des exigences caractéristiques de la Renaissance italienne.

C'est dire aussi le lien essentiel, au temps de la Renaissance, de l'architecture du Palais avec l'urbanisme. De quoi témoigne au premier chef le modèle par excellence de la Ville à savoir la construction architecturale et urbanistique de la ville de Rome.

De là le renouvellement intervenu dans l'interprétation de cette solidité dans laquelle nous avons vu l'essentiel de la civilisation en tant que telle. Alors que la solidité de l'édifice hellénique s'autorise de la loi à laquelle la rationalité mathématique donne assise, la solidité de l'édifice renaissant ne sera pas dissociable de la nature.

Pour s'en convaincre il n'est que de prendre en considération le livre d'Alberti distinguant entre les œuvres de caractère universel et les œuvres de caractère particulier ; « la variété des édifices, écrit Alberti au début du *Livre IV*, dépend des différences présentes dans la nature humaine. Les divisions de la communauté humaine existent dans l'antiquité. Les charges publiques doivent être réservées à ceux qui se distinguent par leurs dons intellectuels ou par leur fortune. Les autres doivent obéir. Les différents édifices correspondent à une telle division, selon qu'ils sont destinés à la communauté interne, ou aux plus grands. » Suivent des développements sur la situation, le plan de la cité, les routes militaires, les diverses fonctions du port. Quant aux œuvres de caractère particulier, c'est-à-dire les édifices privés, Alberti en énonce les divers éléments dans leur position et la conception que prescrit leur fonction. Le livre suivant *(Livre VI)*, traite alors des ornements.

De cette proximité d'une organisation répondant aux exigences naturelles des besoins sociaux résultent certaines caractéristiques stylistiques affectant le noyau solide de l'édifice de la Renaissance. En bref il s'agira donc de savoir quelle inflexion ce bâtiment reçoit de cette assise naturelle. Une correspondance nous sera tout aussitôt sensible, par exemple, entre la solidarité fonctionnelle et les statues et la distribution réglée des armatures dans la façade du palais Spada. Ainsi la solidité de la construction renaissante tiendrait-elle du chiffre original de la civilisation dont elle relève un allégement caractéristique, où se marque la présence de la nature dans l'élaboration technique. Aussi bien les quatre livres dédiés par Alberti à la famille pourront-ils être compris comme un commentaire intime au *Traité de l'architecture*. Ces livres visent en effet non seulement la solidarité à l'intérieur de la famille naturelle, mais la réciprocité des rapports dans le commerce de cette dernière avec son environnement, réciprocité dont le fondement égalitaire sera situé par un Puffendorf à la racine du droit naturel.

Le frontispice du Guide de visite de Rome publié dans cette ville en 1687, et qui comporte, avec le concours de nombreuses illustrations gravées, le cadre d'une excursion de 10 jours et la présentation historique de ses " curiosités " antiques et modernes dont l'énumération donnée en titre comprend : églises, monastères, hôpitaux, collèges, séminaires, temples, théâtres, amphithéâtres, places, palais, bibliothèques, musées, peintures, sculptures, - ce frontispice, sur un fond architectural et boisé, offre en premier plan la personnification allégorique de la ville, désignant du doigt la coupole derrière la colonnade de la place.
Ainsi sommes-nous, à la jointure des deux siècles, passés du pèlerinage religieux à ce que nous pouvons désigner comme un pèlerinage de civilisation.
De l'un à l'autre, une affinité apparaît en effet, qui est allée de la monumentalité à la pérennité des œuvres de civilisation.

ROMA
RICERCATA.

GIORNATA SESTA.

Da S. Saluator del Lauro per Campidoglio, e per le Carrine.

NEl principio di queſta Giornata, dopo che hauerete viſitato la Chieſa di ſan Saluator del Lauro, fabricata da Latino Cardinal Orſino, conceduta con la caſa anneſſa, come per Seminario alli Signori Marcheggiani, à tempo di Clemente X per la ſtrada de'Coronari, doue è la Parrocchia de'ſanti Simone, e Giuda; e per i palazzi del

Sig

Campivoglio.

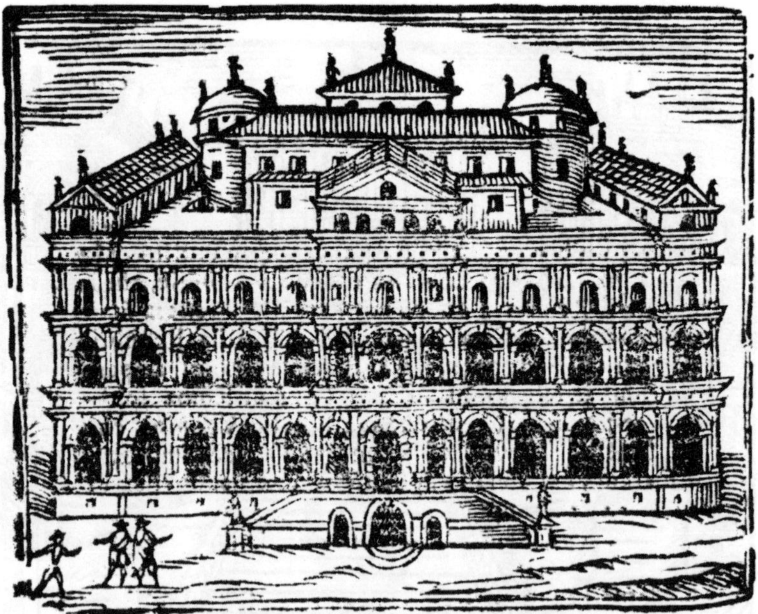

Palazzo, e Chiesa di S. Maria Liberatrice.

24. De la Renaissance au baroque.

Ayant alors imputé pour chiffre à la civilisation de la Renaissance la pérennité d'un lien de réciprocité fondé sur le droit naturel, et notamment sur la trame des obligations issues de l'organisation familiale et de son expression dans la cellule économique primitive, selon la conception d'Alberti, il nous reste à nous demander si et comment cette civilisation s'est développée dans sa forme baroque. Vicissitude apparemment paradoxale s'il est vrai que nous n'avons précisément imputé un équivalent du droit naturel pour chiffre à la civilisation de la Renaissance qu'au titre de la solidité de son institution. Le baroque ne se caractérise-t-il pas, au contraire, par une exigence indéfiniment soutenue de rupture et d'autodestruction des formes ? Encore soulignera-t-on que cette différence de l'architecture renaissante à l'ordre naturel conçue d'après le modèle du droit naturel nous guide dans notre approche du baroque.

Partant de la caractéristique du baroque de se proposer comme l'expression de l'énergie, nous aurons à nous demander à quel titre l'énergie peut prétendre à constituer la stabilité dans son soutien à une civilisation. Et peut être commencerons-nous à le comprendre si nous associons à l'énergétisme du baroque cette dimension non moins essentielle qu'est le cosmologisme. De la façon la plus générale, l'esthétique baroque nous offre les réalités d'une représentation prise à l'état naissant au stade de leur surgissement. Interprétons de ce point de vue les catégories sous lesquelles la décrit Wölflin : le pictural, la profondeur, l'ouverture, la clarté, la multiplicité. Il n'est que d'en faire l'application à la solidité architecturale pour y lire le chiffre d'un certain type de civilisation ; aussi bien est-ce l'architecture religieuse que l'on sera tenté de consulter pour fixer les traits les plus caractéristiques du baroque. L'art de la coupole en particulier permet de restituer la montée des piliers et des voûtes de manière à faire sentir dans sa poussée ascensionnelle la constructivité de l'édifice. Que l'on reporte cependant son attention sur l'architecture civile, on ne pourra laisser d'être sensible à la fonction originale que remplit dans la configuration de la façade le déploiement de la ligne supérieure des ouvertures. Le symbole s'en trouve en quelque sorte figuré par les sculptures où elles culminent, au palais Spada par exemple, ou en bien d'autres édifices romains.

25. Energétisme et cosmologisme baroques.

C'est donc en ce sens qu'en liaison avec l'énergétisme on pourrait parler d'un cosmologisme baroque. Reste à s'interroger sur les motifs d'une éventuelle affinité entre cette expression architecturale de la solidité et le type baroque, s'il en est un effectivement, de la civilisation.

Rudolph Wittkower en apporte une démonstration remarquable à propos des Jésuites. « En contraste avec l'Oratoire, écrit-il dans son ouvrage sur *l'art et l'architecture en Italie de 1680 à 1750*, la Société de Jésus était monarchique et aristocratique dans sa constitution ; traversée d'un esprit de discipline monarchique, liée par des vœux stricts, et militante dans son zèle missionnaire. Mais, comme l'Oratoire, la Société était destinée à servir le commun du peuple ; comme les Oratoriens, les Jésuites étaient affranchis des liens de l'observance monastique et remplaçaient le repli traditionnel derrière les murs du monastère par une participation active aux affaires du monde. En dépit de leur opposition déterminée au nouvel âge scientifique alors en son aurore, leur intellectualisme, leur casuistique, et leur intérêt pour l'éducation étaient caractéristiques du nouvel esprit, de même que leur approche de leur doctrine de la grâce et le guide de dévotion développé par Saint Ignace lui-même dans ses exercices spirituels. Les Dominicains étaient des soutiens du Thomisme et soutenaient la position augustinienne des Thomistes selon laquelle la grâce descendit sur l'homme sans qu'intervienne la participation humaine. Les Jésuites au contraire enseignaient que la collaboration humaine était nécessaire pour rendre la grâce efficace.

Ce point de vue était soutenu par le Jésuite espagnol Luis de Molina dans sa *Concordance de la volonté libre avec les dons de la grâce.* »
Energétisme et cosmologisme semblent trouver ici un commentaire philosophique propre à caractériser un type de civilisation mais aussi l'expression stylistique dont nous avons tenté de formuler quelques traits en évoquant la poussée qui semble nous proposer la vision de l'édifice dans son aspiration à son unité. Disons en d'autres termes que le pacte naturel dont la Renaissance nous avait suggéré le modèle connaît en cette représentation une mutation qu'il institue en un modèle universel de sociabilité, la nature se faisant monde à travers l'incarnation d'une liberté pérennisée.
Est-ce donc à dire qu'il y ait une civilisation baroque, caractérisée par ces deux chiffres associés de l'énergétisme et de la cosmologie ? Si nous suivons nos hypothèses de travail, le noyau solide de cette civilisation en l'occurrence devrait intégrer en un même principe organisateur l'énergie et le cosmopolitisme. Ce qui nous amène à la fonction immanente de la productivité conçue comme la promotion cosmologique de l'énergie.

26. Une illustration : le colonialisme d'après Raynal.

Référons-nous ici à l'appréciation critique formulée par Raynal de l'exploitation coloniale au Livre XIIIe de son *Histoire philosophique et politique des établissements et du commerce européen dans les deux Indes.*[9] « L'historien, nous dit-il, ne nous entretient, – d'après le chapitre inaugural portant sur les conditions générales de l'établissement des colonies –, que des conquérants qui se sont occupés au mépris du bonheur et sang de leurs sujets à étendre leur domination : mais il ne nous présente l'exemple d'aucun souverain qui se soit avisé de la restreindre. L'un cependant n'aurait-il pas été aussi sage que l'autre a été funeste ; et n'en serait-il pas de l'étendue des empires ainsi que de la population. Un grand empire et une grande population peuvent être deux grands maux. L'accroissement de puissance que la plupart des gouvernements de l'Europe se sont promis dans leurs possessions dans le Nouveau Monde m'occupe depuis trop longtemps pour que je ne me sois pas assez souvent demandé à moi-même ou que je n'aie pas demandé quelquefois à des hommes plus éclairés que moi ce que l'on devait penser d'établissements formés à si grands frais et avec tant de travaux dans un autre hémisphère. Notre véritable bonheur exige-t-il la jouissance des choses que nous allons chercher si loin ? Sommes-nous destinés à conserver éternellement des goûts aussi factices ? L'homme est-il né pour errer continuellement entre le ciel et les eaux ? Est-il un oiseau de passage ou ressemble-t-il aux autres animaux dont la plus grande excursion est très limitée ? Ce qu'on retire des denrées peut-il compenser avec avantage la perte des citoyens qui s'éloignent de leur patrie pour être détruits ou par les maladies qui les attaquent dans leur traversée ou par le climat à leur arrivée ? »

En bref, l'intérêt de l'écrit de Raynal ne consiste pas dans la récusation développée par lui de l'entreprise coloniale, mais dans la mise en évidence de ses motifs, qui manifestent les traits essentiels d'une civilisation baroque où s'expriment les caractéristiques d'une esthétique baroque, qui sont l'énergétisme et l'expansionnisme cosmologique.

Les gravures dont se trouve ornée la première édition de *l'Histoire philosophique et politique des établissements et du commerce des Européens dans les deux Indes* ont le double intérêt de distinguer l'aspect baroque du colonialisme à l'état naissant et d'en développer, sous une forme particulièrement incisive, l'une des premières critiques, sur le fondement d'un humanisme naturaliste.

Dessiné par N. Cochin Secretaire de l'Academie Royale de Peinture et Sculpture
Gravé par N. De Launay de la même Academie et de Celle des Arts de Dannemark

Histoire philosophique et politique des établissements et du commerce des Européens dans les deux Indes - à Genève. MDCCLXXX TOME I

J. M. Moreau le Jeune Del. 1780. N. De Launay Sculp.

Les Anglois demandent pardon à Aurengzeb qu'ils ont offensé

Liv. III Pag. 6

J. M. Moreau le Jeune. Del. 5. L. Delignon. Sculp.

Les Efpagnols fe rendent maitres de Montezuma dans Mexico même, Liv. VI. Pag. 30

Raynal. Tome III

J. M. Moreau le Jeune Inv. 1780. A. Romanet. Sculp.

François Pizarre assasiné par une troupe de Conjuré

J. M. Moreau le Jeune Inv. 1780 J. B. Dambrun

Voila les Tributs que paye le Roi de Portugal

Liv. I Pag.

J. M. Moreau le Jeune, Del. 1780 J. B. Simonet. Sculp.

Bienfaisance d'une Famille sauvage du Canada envers des François.

Liv. XV. Pag. 30

J. M. Moreau le Jeune. Del. 1780. N. De Launay aqua forti fecit. H. Guttemberg. Sculp.

Penn achette des Sauvages le pays qu'il veut occuper

Liv. XVIII Pag. 15

M. Moreau le Jeune Del. 1780 N. De Launay Sc.

Esclaves conduits par des Marchands

L.° II.

L'ÉTHIQUE CIVILISATRICE

27. Caractéristiques principales du civilisé.

Nous aurons donc successivement retenu, en tant que caractéristiques du civilisé :
– un langage ; la communication propre au civilisé emprunte sa matière aux œuvres dans lesquelles se sont incarnées les organisations symboliques propres au langage de vis-à-vis.
– une identification, en tant que membre d'une lignée qui institue en tant qu'hommes les membres d'une communauté.
– une philosophie, tendant à dégager du langage d'une civilisation le fondement qui l'habilite en tant que moyen de communication, un ethos ou style de comportement.
– une esthétique, prêtant à cette philosophie une valeur d'expressivité.

28. Perversion des caractéristiques du civilisé sous le régime barbare de la horde.

C'est donc en inversant ces caractéristiques que nous obtiendrions les traits spécifiques du barbare. Son langage est un langage de vis-à-vis, langage de gestes, non médiatisé par les produits d'une constructivité fidèle à un modèle architectural et destiné non à une communication entre sujets mais à la satisfaction d'une jouissance partagée.

– En substitut d'une identification, le barbare se caractérise par une assimilation groupale du type de la horde.

– A l'exclusion de toute référence au fondement d'une communication intersubjective, on imputera au barbarisme une permissivité radicale.

– Indifférence aux exigences d'expressivité canoniques, aboutissant à une coupure entre l'individualité et la qualité externe.

Tel est le régime de horde que l'on méconnaît souvent dans la représentation que l'on se forme de la barbarie au bénéfice de l'évocation d'une destruction massive.

La reproduction d'une scène authentique tombée sous un objectif allemand au ghetto de Varsovie en des conditions que l'on ignore, peut-elle nous donner quelque idée du retournement barbare de l'ethos civilisateur ?

29. L'atrocité.

Resterait donc à s'interroger sur la possibilité d'accéder, à partir des caractéristiques empruntées au régime de la horde, à cette dernière image la plus généralement reçue du non-civilisé ou du barbare, dont il est suffisamment connu qu'il désigne au premier ressort l'étranger dont la langue est inconnue, inintelligible. Encore y aura-t-il à passer de cette acception initiale à la qualification de certains comportements comme inhumains, c'est-à-dire effectivement inassimilables au langage familier des humains, le non civilisé, l'atroce par excellence. Quelle est donc, parmi les caractéristiques précédemment reconnues au civilisé, celle dont le retournement nous apparaîtrait comme le plus apte à faire évoquer l'atrocité du comportement barbare ? Peut-être s'agit-il moins en l'occurrence de la spécificité d'un trait du civilisé que de la convergence que manifeste un ensemble de retournements et qui, d'un mot, fait apparaître le barbare comme inhumain, c'est-à-dire au premier chef comme voué à l'atrocité. Qu'est-ce à dire ? L'atroce est originairement ce qui ne se mange pas, de même que le cruel, c'est-à-dire l'inassimilable. Nous rejoignons là pour l'inverser le sens esthétique du civilisé en tant que capacité à conférer un sens esthétique à une qualité. En bref, nous dirions de toute communication qu'elle relève d'une éventualité d'assimilation ou de rejet et que l'atroce représente le pôle de rejet d'une telle communication, - ce qui prête effectivement à une communication les traits par lesquels elle se rend inassimilable par l'individualité sensible.

30. L'intérêt.

Inversement, cette composante esthétique nous introduit à la genèse de la notion du civilisé, si nous nous appliquons à en suivre la transformation sous l'égide de la constitution des œuvres, c'est-à-dire en fonction de l'intérêt qui s'y attache. Une analyse tant soit peu approfondie de l'intérêt nous mettrait en effet en mesure de suivre le développement de l'identification originaire telle que la propose la reconnaissance de soi que la vision en miroir assure à l'enfant, à la désexualisation de la pulsion sexuelle en une œuvre par la pulsion de mort. En d'autre termes, l'intérêt nous apparaît comme le trait dont le moi est marqué dans sa dépendance de l'altérité. Dans la perspective initialement adoptée pour la définition de la civilisation, l'intérêt apparaît ainsi comme l'expression subjective, par le membre d'une collectivité civilisée, de la représentativité en des œuvres d'une organisation symbolique en relation de vis-à-vis, en bref, comme la marque sur ces organisations de l'altérité par laquelle se constitue le produit d'une civilisation. Lorsque nous caractérisons comme le fait Voltaire une civilisation par son esthétique, nous posons donc le premier jalon de la définition même du civilisé par l'émergence de ses intérêts, développant son exigence d'expressivité sur le plan symbolique. Pour conclure sur ce point, disons donc que le civilisé se caractérise par la culture des intérêts dont témoignent les œuvres d'une collectivité pour autant que ces œuvres consacrent la possibilité de partage d'un certain type de jouissance. Cette dimension esthétique des caractéristiques du civilisé rejoint ainsi la référence de celui-ci à un langage, à une identification et à une philosophie, s'il est vrai que ces trois caractéristiques traduisent la manifestation concrète du fondement d'un type de communication dont la pratique d'un ethos spécifique nous propose par ailleurs une illustration.

31. L'intérêt comme ethos civilisateur.

L'idée de civilisation se prend d'ailleurs en une double acception descriptive et normative selon qu'elle comporte ou non une appréciation de valeur ; encore la trouvera-t-on parfois dans la première de ces acceptions souvent assimilée à la notion de culture, tantôt sous l'influence de l'ethnographie, tantôt, plus simplement en raison de la difficulté de donner un correspondant français à l'allemand *Kultur*.

La notion de culture, écrivait Lévi-Strauss dans *l'Anthropologie structurale* (10), en passant outre à l'histoire du concept et à la contribution de Herder à l'opposition entre l'allemand *Kultur* et le français civilisation, « la notion de culture est d'origine anglaise, puisque l'on doit à Tylor de l'avoir pour la première fois définie comme " ce tout complet qui inclut connaissance, croyance, art, morale, lois, coutumes et toutes autres capacités acquises par l'homme en tant que membre de sa société. " Elle se rapporte donc, poursuit Lévi-Strauss, aux différences caractéristiques existant entre l'homme et l'animal, donnant ainsi naissance à l'opposition restée depuis lors classique entre nature et culture. Dans cette perspective, l'homme figure essentiellement comme *homo faber*, ou, comme disent les anglo-saxons, *tool maker*. Coutumes, croyances et institutions apparaissent alors comme des techniques parmi d'autres, d'une nature plus proprement intellectuelle certes : techniques qui sont au service de la vie sociale et la rendent possible comme les techniques agricoles rendent possible les besoins de nutrition et les techniques textiles, la protection contre les intempéries ».

" Techniques au service de la vie sociale ", sans doute ne saurait-on autrement désigner la fonction essentielle des organisations. Encore devra-t-on souligner cette particularité des organisations symboliques de présider génétiquement à la socialisation première de l'enfant et par conséquent de dessiner les canaux par lesquels se construit une société de vis-à-vis. Du livre de Tylor, il est remarquable que Lévi-Strauss n'a cependant retenu que l'introduction, portant sur la science de la culture, et non pas les pages qui la suivent, donnant son titre au deuxième chapitre : *Développement de civilisation*, titre significatif par lui-même. En effet, écrit Tylor, « considérée d'un point de vue général, la civilisation peut être regardée comme étant le perfectionnement général d'une humanité dûe à une organisation meilleure de l'individu et de la société et ayant pour fin d'augmenter la bonté, le pouvoir et le meilleur de l'homme. Cette conception s'accorde bien avec la civilisation actuelle, on peut le reconnaître en comparant la vie sauvage à la vie barbare, la barbarie à la vie moderne. Aussi loin qu'il nous est possible de suivre *la culture matérielle et intellectuelle*, le fait se vérifie ».

Observons cependant que la dimension esthétique qui participe à la dimension constructive du civilisé attire en outre notre attention sur cette caractéristique au premier regard paradoxale que le civilisé consacre la valeur de superflu. En opposition au pragmatisme des besoins, interprétation paradoxale en effet si l'on s'en tenait à une lecture de Lévi-Strauss d'après laquelle la civilisation se trouvant définie par " le développement des inventions ", ceci n'aurait d'autres fins que d'assurer la maîtrise de l'homme sur la nature en vue de garantir la satisfaction de ses besoins. En introduisant comme essentielle dans notre concept du civilisé la référence à l'intérêt nous signalons au contraire qu'il n'assume pas en sa qualité propre une aptitude fabricatrice, mais un ethos et un style de vie qui vaut par lui-même dans la visée du fondement de la communication.

En bref le civilisé est précisément le membre d'une communauté civilisée prenant jouissance de la satisfaction d'un intérêt superflu. Mais que peut donc être la jouissance d'un intérêt ? En l'occurrence, il s'agit du développement d'un domaine de constructivité déployé dans sa polyvalence, et dont le foyer se situe dans le fondement spécifique d'une communication. On voit par là à quel titre le civilisé se dissocie de l'appartenance du barbare à la horde.

32. Représentation statique des " Droits de l'homme ".

De cette interprétation, est-il possible alors de passer à celle de la barbarie ? Nous avons antérieurement récusé une certaine définition du civilisé dans son aptitude à la reconnaissance des droits de l'homme. Si cette définition nous est apparue comme insuffisante, c'est qu'elle s'appuyait à une représentation statique des notions de l'homme et du droit, tandis qu'il faudrait reconstituer la notion du civilisé dans sa genèse, c'est-à-dire sur le fondement de l'émergence d'une civilisation en sa spécificité et du civilisé en tant qu'il met en œuvre une pratique également spécifique. De ce point de vue, le renversement barbare des valeurs propres au civilisé ne se limiterait pas à la destruction d'un groupe humain organisé par une horde, mais aussi bien aurait à être étendu à toute entreprise excluant le développement de certains intérêts. A la notion de respect des droits de l'homme, nous substituerions ainsi la notion de respect des intérêts humains, d'une éthique civilisatrice.

33. L'esthétique en tant que normativité de l'expression.

Nous caractérisons en outre la normativité d'une esthétique comme définissant un goût. Il s'agit de la normativité de l'expression. En quoi donc cette expressivité peut-elle être appelée à prendre une valeur esthétique ? En l'occurrence par le truchement du langage des œuvres caractéristiques de la civilisation. Il s'agit d'une promotion de l'expression du vis-à-vis à l'expressivité des œuvres, c'est-à-dire au noyau essentiel des choses, de leur constitution, ressaisie à travers leurs facettes.

Et nous désignons alors la normativité d'un langage par le classicisme.

34. Normativité du langage : Sainte-Beuve et l'essence normative du classicisme.

Qu'est-ce en effet qu'un classique ? Si l'on suit Sainte-Beuve,[11] « un vrai classique, comme j'aimerais à l'entendre définir, c'est un auteur qui a enrichi l'esprit humain, qui en a réellement augmenté le trésor, qui lui a fait faire un pas de plus, qui a découvert quelque vérité morale non équivoque ou ressaisi quelque passion éternelle dans le cœur où tout semblait connu et exploré ; qui a rendu sa pensée, son observation ou son invention, sous une forme n'importe laquelle, mais large et grande, fine et sensée, saine et belle en soi ; qui a parlé à tous dans un style à lui et qui se trouve aussi celui de tout le monde, dans un style nouveau, sans néologisme, nouveau et antique, aisément contemporain, de tous les âges. Un tel classicisme a pu être un moment révolutionnaire, il a pu le paraître du moins, mais il ne l'est pas ; il n'a renversé ce qui le gênait que pour rétablir bien vite l'équilibre au profit de l'ordre et du beau. »

Et Sainte-Beuve de poursuivre : « Je ne me dissimule pas que cette définition que je viens de donner du classique excède un peu l'idée qu'on est accoutumé de se faire sous ce nom. On y fait entrer surtout des conditions de régularité, de sagesse, de modération et de raison, qui dominent et contiennent toutes les autres. Ayant à louer M. Royer-Collard, M. de Rémusat disait : " S'il tient de nos classiques la pureté du goût, la propriété des termes, la variété des tours, le soin attentif d'assortir l'expression et la pensée, il ne doit qu'à lui-même le caractère qu'il donne à tout cela. " On voit qu'ici la part faite aux qualités classiques semble plutôt tenir à l'assortiment et à la nuance, au genre orné et tempéré : c'est là aussi l'opinion la plus générale. En ce sens, les classiques par excellence ce seraient les écrivains d'un ordre moyen, justes, sensés, élégants, toujours nets, d'une passion noble encore, et d'une force légèrement voilée. Marie-Joseph Chénier a tracé la poétique de ces écrivains modérés et accomplis dans ces vers où il se montre leur heureux disciple :

> " C'est le bon sens, la raison qui fait tout,
> Vertu, génie, esprit, talent et goût.
> Qu'est-ce vertu ? raison mise en pratique ;
> Talent ! raison produite avec éclat ;
> Esprit ? raison qui finement s'exprime ;
> Le goût n'est rien qu'un bon sens délicat ;
> Et le génie est la raison sublime ".

35. Le classicisme comme puissance d'expressivité.

Seulement, de ces qualités formelles toutes négatives Sainte-Beuve passe à une vision entièrement différente qui caractérise le classique par une puissance d'expressivité valant par elle-même et en l'absence même de référence à un quelconque contenu que ce soit. C'est la conversion en œuvre de l'expressivité comme telle. « Il ne s'agit véritablement que de ne rien sacrifier, de ne rien déprécier, poursuit Sainte-Beuve. Le temple du goût, je le crois, est à refaire ; mais, en le rebâtissant, il s'agit simplement de l'agrandir, et qu'il devienne le Panthéon de tous les nobles humains, de tous ceux qui ont accru pour une part notable et durable la somme des jouissances et des titres de l'esprit. Pour moi, qui ne saurais à aucun degré prétendre (c'est trop évident) à être architecte ou ordonnateur d'un tel temple, je me bornerai à exprimer quelques vœux, à concourir en quelque sorte pour le devis. Avant tout je voulais n'exclure personne entre les dignes, et que chacun y fût à sa place, depuis le plus libre des génies créateurs et le plus grand des classiques sans le savoir, Shakespeare, jusqu'au tout dernier des classiques en diminutif, Andrieux. " Il y a plus d'une demeure dans la maison de mon père ". *(Note : Gœthe, qui est si favorable à la libre diversité des génies et qui croit tout développement légitime pourvu qu'on atteigne à la fin de l'art, a comparé ingénieusement le Parnasse au mont Serrat en Catalogne, lequel est ou était tout peuplé d'ermites et dont chaque dentelure recélait son pieux anachorète : « Le Parnasse, dit-il est un mont Serrat qui admet quantité d'établissements à ses divers étages : laissez chacun aller et regarder autour de lui, et il trouvera quelque place à sa convenance, que ce soit un homme ou un coin de rocher. »)*
« Que cela soit vrai du royaume du beau ici-bas non moins que du royaume des cieux. Homère, comme toujours et partout, y serait le premier, le plus semblable à un dieu ; mais derrière lui, et tel que le cortège des trois rois mages d'Orient, se verraient ces trois poètes magnifiques, ces trois Homère longtemps ignorés de nous, et qui ont fait eux aussi à

l'image des vieux peuples d'Asie, des épopées immenses et vénérées, les poètes Valmiki et Vyasa des Indous, et le Firdousi des Persans : il est bon dans le domaine du goût, de savoir du moins que de tels hommes existent et de ne pas scinder le genre humain ».

Expression finale dont le développement nous amènera jusqu'à l'essentiel ; le classicisme est la désignation d'une expérience :

« Mais pourquoi parler toujours d'être auteur et d'écrire ? Il vient un âge, peut-être, où l'on n'écrit plus. Heureux ceux qui lisent, qui relisent, ceux qui peuvent obéir à leur libre inclination dans leurs lectures ! Il vient une saison dans la vie, où, tous les voyages étant faits, toutes les expériences achevées, on n'a pas de plus vives jouissances que d'étudier et d'approfondir les choses qu'on sait, de savourer ce qu'on sent, comme de voir et de revoir les gens qu'on aime : pures délices du cœur et du goût dans la maturité. C'est alors que ce mot de *classique* prend son vrai sens, et qu'il se définit pour tout homme de goût par un choix de *prédilection* et *irrésistible*. Le goût est fait alors, il est formé et définitif ; le bon sens chez nous, s'il doit venir, est consommé. On n'a plus le temps d'essayer ni l'envie de sortir à la découverte. On s'en tient à ses amis, à ceux qu'un long commerce a éprouvés. Vieux vin, vieux livres, vieux amis. On se dit comme Voltaire dans ces vers délicieux :

> Jouissons, écrivons, vivons, mon cher Horace !
> J'ai vécu plus que toi : mes vers dureront moins ;
> Mais, au bord du tombeau, je mettrai tous mes soins
> A suivre les leçons de ta philosophie,
> A mépriser la mort en savourant ta philosophie,
> A mépriser la mort en savourant la vie,
> A lire tes écrits pleins de grâce et de sens,
> Comme on boit d'un bon vin vieux qui rajeunit les sens.

« Enfin, que ce soit Horace ou tout autre, quel que soit l'auteur qu'on préfère et qui nous rende nos propres pensées en toute richesse et maturité, on va demander alors à quelqu'un de ces bons et antiques esprits un *entretien* de tous les instants, *une amitié qui ne trompe pas*, qui ne saurait nous manquer, et cette impression habituelle de sérénité et d'aménité qui nous réconcilie, nous en avons souvent besoin, avec les hommes et avec nous-même. »

Tout au long de l'article se soutient le même thème. Le classicisme ne désigne pas la loi d'une critique des œuvres mais leur résonance dans le sentiment du lecteur : autrement dit, c'est une notion qui relève du registre de la communication, conférant au langage des titres de personnification.

Si nous suivons Sainte-Beuve, le classicisme représente donc dans l'ordre de la civilisation la transposition de l'investissement dont est marquée originairement la communication de vis-à-vis.

Normativité d'un langage donc qui tient lieu dans ce registre d'équivalent de l'intimité expressive.

36. Code et Contrat.

En définitive on se demandera cependant si l'une de ces normativités n'est pas appelée à prendre sur les autres un rôle directeur, celui du code. Car le code dans la forme contractuelle qu'il prête à la lignée remplit effectivement cette fonction pour autant qu'il assure l'identification dans son rôle proprement civilisateur, alors que chacune des normativités que nous venons de prendre en considération fait apparaître l'identité subjective instituée comme le support indispensable de l'assomption par le sujet d'une communication symbolique de vis-à-vis. La barbarie est donc une tromperie par rapport à ce contrat implicite de confiance, dont au fond se réclame implicitement la notion des droits de l'homme qui ne fait que lui prêter une forme quasi juridique.

Confiance en définitive dans l'ethos civilisateur dont on pourrait dire qu'il est l'aspect subjectif de l'incarnation, par des œuvres, de l'organisation symbolique élémentaire.

37. Point de vue normatif : le civilisé comme représentant d'une histoire.

D'un point de vue, non plus descriptif, mais normatif, quels éléments empruntons-nous maintenant à l'analyse de Voltaire si nous en venons à définir le civilisé comme le représentant d'une histoire ? " Représentant ", disons-nous d'abord, dans le sens que nous suggère l'aspect esthétique d'une communication civilisatrice, – représentant d'une " histoire " – en ce sens que nous avons conçu l'identité de " l'homme " sur le fondement d'une lignée. Comment transposer maintenant ces données à l'opposé du civilisé, au " barbare ", comme nous l'avons fait antérieurement de l'amour à la haine ? En ce qui touche le civilisé comme " représentant " nous dirons donc qu'il s'intègre en un style de comportement assimilable par la sensibilité individuelle dont c'est la fonction de produire une œuvre tenant lieu d'un modèle originaire. Quant à ce modèle, nous l'avons désigné comme un processus d'identification qui, à l'échelle de la communauté, constitue une histoire. En bref, si nous suivons les caractéristiques prêtées par Voltaire à la civilisation, de là l'historicité d'une telle civilisation.

38. Point de vue normatif : genèse du code, la lignée identificatrice.

Nous avons introduit la notion d'une lignée identificatrice en équivalence d'une notion dogmatique des droits de l'homme. Le problème qui se pose ici est donc de savoir sous quelle forme une normativité civilisatrice peut promouvoir dans l'ordre d'une telle lignée l'organisation symbolique d'une communication de vis-à-vis. Elle y prendra valeur de code, le code se définissant comme l'aspect subjectif d'une répétition symbolique, c'est-à-dire de la répétition du donné sous les espèces d'une symbolique renouvelable. La codification étant l'exigence du renouvellement de la représentation dans l'énonciation.

Nouvelle description des châteaux et
à Paris chez Madame la veuv

rly - 5ème édition - Tome I et II

in Delaune - MDCCXXIV

F. Menant delin.

Veuë et Perspective du Ch

En 1724 a été donnée par Jean Aimar Piganiol de la Force (1673-1753) - auteur par ailleurs

environs, - et d'un *Nouveau voyage en France* - avec dédicace au Comte de Toulouse, fils légitimé de Lo

description des châteaux et parcs de Versailles et Marly, - " contenant une explication historique de

peintres, des sculpteurs et des graveurs qui les ont faits, enrichie de plusieurs figures en taille do

de personnages - généralement des couples, dont la fonction purement stylistique paraît être d'

de promenades et de libres entretiens. Ainsi est-il satisfait à l'exigence d'expr

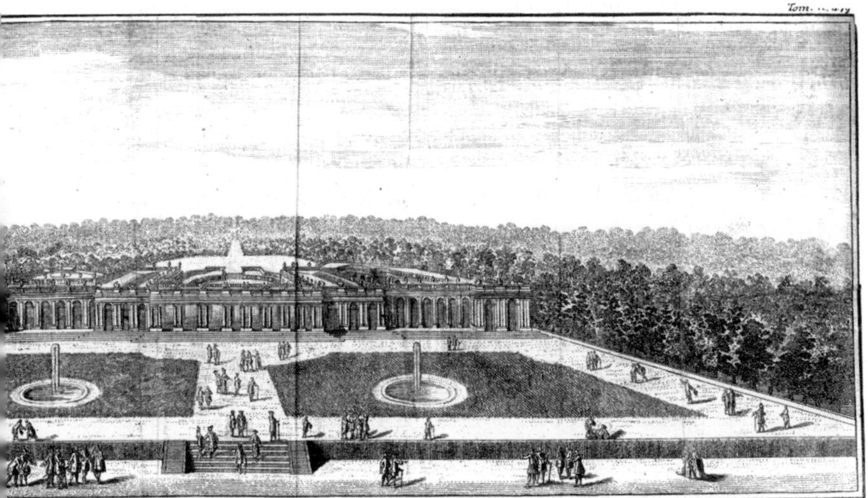

Tom. ...

...non, du côté des Jardins.

G. Scotin ma. Sculp.

...cription historique et géographique de la France, d'une Description de la ville de Paris et de ses

...e Madame de Montespan, dont il avait été pendant quarante ans le précepteur des pages - une Nouvelle

...peintures, tableaux, statues, vases et ornements qui s'y voient, leurs dimensions et les noms des

...remarquera que les représentations de Versailles et de Marly sont peuplées de groupes

...oblesse quelque peu rigide du décor des plantations et des bâtiments classiques par l'évocation

...nous est apparue comme l'essentiel de la normativité classique.

39. Le civilisé en tant qu'autocritique : historicité de l'ethos.

Un civilisé dans cette perspective serait donc le membre d'une communauté s'intéressant à fixer en œuvres les vicissitudes d'une histoire collective. Remarquons d'ailleurs que nous ne faisons qu'étendre ainsi, à l'échelle historique de la succession des générations, l'interprétation donnée de l'activité de l'artiste dans l'article freudien des *deux principes des processus psychiques.*(12) De même que l'artiste donne de la carence de satisfaction que lui impose la réalité une expression incarnée en des œuvres, nous suggérons que de façon générale la promotion civilisatrice d'une culture, c'est-à-dire la formation au langage des œuvres qui constitue une éducation propre au civilisé, consiste pour l'essentiel dans le développement de son intérêt pour la carence de satisfaction de l'idéal transmis par une génération antérieure. En bref, un civilisé serait le membre d'une communauté capable d'une autocritique de sa propre histoire, c'est-à-dire de son ethos, dans la promotion d'une symbolique de vis-à-vis en des œuvres historiquement incarnées.
En vue de nous confirmer dans notre interprétation du civilisé, rappelons cependant que nous nous sommes toujours réclamés de son retournement dans la barbarie. En l'occurrence le renversement dont serait susceptible l'ethos du civilisé consisterait à inverser le fondement de l'autocritique, c'est-à-dire le fondement de la communication, sous les espèces d'un dogmatisme. La barbarie n'est pas simplement un type de comportement, c'est la totalisation d'un ensemble de comport ments sous l'égide d'une jouissance dont la totalisation dogmatique est précisément l'expression. Pour résumer, la barbarie n'est pas simplement la prévalence de la violence sur la persuasion ; non pas seulement une violence, mais la jouissance d'une violence, et la substitution du dogmatisme au fondement de la communication que vise la promotion civilisatrice, substitution qui donne la mesure de la capacité totalisatrice de la jouissance dont le dogmatisme est précisément la transposition.

40. L'autocritique en tant que garantie de la participation de l'ethos civilisateur.

L'ethos civilisateur ne trouvera cependant la garantie de sa référence au fondement de la communication que sous la caution d'une autocritique à défaut de laquelle la normativité se trouvera virer en un narcissicisme dogmatique, tel le courage en une expansion impérialiste du sujet, la fidélité en superstition, la réciprocité en un formalisme. Aussi bien le civilisé manifestera-t-il un équilibre entre la prise de conscience de son identité dans l'assomption du chiffre de la communauté dont il relève, et le type de constructivité qui vaut à cette communauté les titres d'une civilisation.
Encore conviendra-t-il de s'interroger sur les voies et moyens de cette autocritique, c'est-à-dire donc de ce discernement entre l'identité narcissique assumée et la brillance de la civilisation dont on se trouve relever. Toute civilisation, en effet, a sa propre rhétorique dans la mesure ou elle développe sous l'égide du principe de communicabilité qui la caractérise l'organisation symbolique dont ses œuvres sont issues : en bref, les rapports de vis-à-vis sous la dépendance desquels chaque langage a développé sa résonance originale.
S'il nous fallait en définitive rapprocher cette élaboration de l'acception dans laquelle est communément prise la notion du civilisé en opposition à la " barbarie éthique ", ainsi pourrions-nous qualifier de civilisé le membre d'une communauté dont les institutions favorisent l'autocritique en chacune de ses impulsions de survivance mythique. Le mythe en effet n'est pas seulement le noyau narcissique de l'imaginaire de la communication ; il conviendra quant à son contenu de préciser que le narcissisme se traduit par essence dans les deux types de comportements qui sont en fait et généralement tenus pour caractéristiques du " barbare " : comportement de destructeur et comportement possessif de prédateur.
Au sociologue ou à l'historien il appartiendrait alors de délimiter, de l'ethnie, du parti politique, du mouvement social, quel est le champ et le groupement dans lequel ces divers processus paraissent trouver

le terrain d'élection le plus favorable. Dans cette vue d'ailleurs, c'est moins le narcissisme ethnocentrique que la rhétorique de ce narcissisme ethnocentrique qui nous semblerait donner matière aux comportements " barbares " de destruction et d'appropriation, autrement dit la mythologie où se prolonge le vis-à-vis de l'organisation ethnique par assimilation symbolique.
L'autocritique dont nous faisons privilège au civilisé serait donc au premier chef une critique de la mythologie sur laquelle sont construits la plupart de nos modèles idéaux.

41. L'assomption responsable des normes.

Le malentendu dans lequel Nietzsche est tombé a consisté à assimiler l'énergie sous-jacente à ces composantes " barbares " à des instincts primitifs, en méconnaissant la personnification qui leur vaut précisément de présider à la constitution d'une mythologie, et à ce titre de constituer un système organisé d'action, ce qu'a rendu par contre possible la dépendance, où les a situés Freud, de l'organisation familiale. De ce dernier point de vue, la barbarie sera la transposition de la conscience du drame qui s'est joué sur la scène de la vie infantile. L'autocritique à laquelle nous avons fait crédit de l'accession du sujet au statut de civilisé consistera donc en l'occurrence à rendre à la vie infantile les motivations destructrices et possessives de la barbarie. Par opposition, les critères sur lesquels nous définirons le civilisé seront ceux de l'âge adulte, critères dont nous avons marqué la situation du moment où nous avons inscrit le statut du civilisé dans la lignée. Dans une perspective institutionnelle s'impose alors comme primordial le thème de l'éducation : sera caractérisé comme civilisé le sujet dont le soutien communautaire vise la transmission d'un principe de communication ayant pouvoir de constructivité. Sera-t-il possible de délimiter les critères les plus généraux de cette éducation civilisatrice ? Il n'est que de saisir dans sa pleine acception la notion même d'une " éducation ". Ne s'agit-il pas en effet de tirer d'une matière brute une forme qui s'y trouve potentiellement inscrite ? Nous voulons dire qu'en l'occurrence les étapes du développement individuel ne sont pas assignables selon des critères biologiques, mais d'après un certain type de capacité constructive destiné à s'intégrer à titre de composante partielle à la capacité globale du sujet civilisé, dans son aptitude à s'inspirer du type de civilisation dont il participe. C'est en ce sens que la civilisation freudienne est considérée comme intéressant successivement les trois stades de développement de la libido.

42. Conclusion.

Si la civilisation se définit dans une acception descriptive par l'accession d'une collectivité à l'expression symbolique de ses œuvres, le sujet collectif sera caractérisé en une acception normative par la prise en charge de ces activités constructives, autrement dit par l'expression d'une responsabilité collective. En bref, telle serait donc la formulation originaire de la collectivité civilisée en regard de la horde. Nous désignerions le civilisé en tant que membre d'une société assumant la responsabilité de ses propres normes et du style de constructivité qui en dérive.

Ne rejoignons-nous pas ici la représentation la plus commune et pour ainsi dire intuitive du " civilisé ", dans la mesure ou la référence aux droits de l'homme fait du civilisé le sujet auquel nous pouvons faire confiance pour autant que nous lui imputons le respect du contrat qu'il tient de son humanité même. Rappelons en effet qu'à la définition formelle des " droits de l'homme " nous avons cru devoir préférer la notion d'une lignée identificatoire, le droit de l'homme relevant à ce titre quant à son contenu de l'investissement symbolique qui se propage de sujet en sujet sur le fondement d'un ethos civilisateur constituant l'être humain en principe de ses œuvres, c'est-à-dire la réalisation effective d'une communication en vis-à-vis. Sans doute n'exprimons-nous rien d'autre lorsque nous visons la responsabilité collective d'un groupe, dont chaque membre prend en charge sa part de constructivité.

En élaborant ainsi notre concept sur le terrain des mœurs nous délaissons donc le point de vue strictement moral sous lequel se situe le principe des droits de l'homme, pour nous réclamer d'un registre intermédiaire entre la normativité et les conditions de réalisation de l'organisation symbolique.

Si nous caractérisons la société civilisée par la responsabilité qu'elle assume quant à ses normes de constructivité, reste à s'interroger sur les domaines entre lesquels se distribue cette responsabilité.

En premier ressort l'instruction, puisque l'instruction est la prise en charge de l'ethos civilisateur dans sa transmission à l'intérieur de la lignée. Encore conviendra-t-il de n'oublier point la qualité esthétique propre au comportement du civilisé. Elle repose sur la genèse même de ce dernier en ce sens qu'il se définit par la pratique d'un ethos civilisateur, dont c'est la fonction de conférer une réalité historique, et par conséquent une individualité, à une organisation symbolique de vis-à-vis. Or, que cette individuation corresponde précisément à une qualification esthétique ressort de l'analyse que nous avons esquissée de la relation du dedans au dehors selon l'analogie du modèle architectural de la civilisation à la relation amoureuse.

Dans l'un et l'autre de ces registres, l'extériorisation nous est apparue comme l'actualisation de l'objet d'une invocation, qu'il s'agisse avec la relation amoureuse du sujet auquel est adressée la demande d'amour, ou, dans le modèle architectural de la civilisation, d'une constructivité conforme aux exigences de l'ethos civilisateur.

Cette dernière qualification esthétique d'un ethos civilisateur équivaut à souligner que le civilisé est doté d'un style dans la simple mesure où il est un foyer d'individuation.

Nous disons qu'il a cette qualité du fait qu'il relève de l'expression par laquelle se constitue une civilisation considérée comme réponse à une invocation, en l'occurrence invocation du for intérieur de la communication : de même que la poétique amoureuse peut être tenue pour réponse du for intérieur d'autrui à l'appel du sujet.

De même devons-nous souligner que la qualité esthétique n'est en l'occurrence que l'expression d'une qualité affective dont nous ne découvrirons pas l'identité directement à travers le comportement du civilisé, mais bien plutôt d'après les réactions que suscite son antidote sous les espèces de la barbarie.

Dans la perspective traditionnelle où le respect des " droits de l'homme " est proposé comme critère absolu de la civilisation ainsi comprise, encore faudrait-il rendre compte en effet des traits singuliers de l'expérience où elle se donne.

Sans doute le plus remarquable en ce qui touche cette mise en question de la civilisation, en son acception non plus descriptive mais normative, est-il que l'expérience de son atteinte est vécue comme un sacrilège.

Dès lors le problème sera de comprendre à quel titre notre civilisation en son acception descriptive est justifiable d'une qualification telle que le sacré soit ici mis en cause.

Et l'introduction la meilleure à cette discussion sera l'illustration d'un cas limite où l'imputation du sacrilège semble aller de soi. Il n'est que de se référer à la situation de la guerre civile. Parmi les traits retenus par les auteurs depuis l'Antiquité et recensés par Paul Jal, dans son étude littéraire et morale de la guerre civile à Rome, « la guerre civile est une guerre honteuse, déshonorante et coupable »,« cause de corruption », « cause du renversement des valeurs morales, du courage, de la justice, de la clémence et des notions connexes, confondant le bien et le mal. »

Et au premier chef, si le massacre et le pillage sont apparus dès la plus haute antiquité comme les stigmates distinctifs de la " barbarie ", c'est qu'ils trahissent le mode d'existence caractéristique de la horde, c'est-à-dire la communication assimilatrice qui demeure la seule possible pour une collectivité en l'absence d'une identification motivée par la communauté des intérêts créateurs.

En quoi, dans cette perspective, une démarche d'autocritique serait-elle donc appelée à intervenir ?
Démarche d'autocritique, c'est-à-dire mise en question de la justification que le sujet sera toujours tenté de donner de ses impulsions.
Il s'agira de dissocier de la satisfaction narcissique de soi le sentiment de plénitude qui s'attache à la visée d'un fondement de la communication dans le contexte d'une civilisation donnée.
Telle sera donc par exemple, l'autocritique dont il appartiendra aux " civilisés " de frapper les impulsions en fait communément traitées de " barbares ", qu'il s'agisse de pulsions destructives ou possessives.
Les unes et les autres traduisent en effet l'assimilation dogmatique de l'expansion narcissique à un principe de hiérarchisation sociale.
Précisons qu'une telle expansion au niveau du symbolisme élémentaire est rendue possible et même nécessitée par la force de déflagration inhérente à l'appellation collective ; nomination d'un peuple, d'un parti, voire simplement d'un mouvement collectif de pensée.
Ainsi dirons-nous d'un comportement barbare qu'il est un comportement qui se réclame d'un mythe, pour autant que le mythe est le noyau de la toute-puissance de la horde, l'expression d'un imaginaire comme foyer de son for intérieur collectif.
Assimilation narcissique au chef de horde, telle serait donc la condition du barbare, dont la tâche du civilisé serait de faire l'autocritique.
Revenons sur le sacrilège de la barbarie.
« En fait c'est un véritable renversement de la signification des mots que les luttes fratricides semblent pour les anciens avoir provoqué. »
« En venant justifier des actes considérés jusque là comme blâmables, écrit Thucydide, la guerre civile changeait le sens ordinaire des mots. »
Le terme fort est celui de fratricide. « Les Grecs, souligne Paul Jal dans son ouvrage sur *La guerre Civile à Rome*, disposaient de deux termes pour désigner la guerre et la discorde, *Polemos* kai *Stasis,* c'est qu'il y a aussi deux choses qui se rapportent à ce genre de différence et ces deux choses sont d'un côté la parenté et la communauté d'origine,

de l'autre la différence de race et de sang, l'inimitié entre parents s'appelle discorde, entre étrangers, guerre. » (Platon, *Lois*, 629 bd)
L'une que nous appellerons guerre civile, l'autre qui nous met aux prises avec les ennemis du dehors, les étrangers.
En bref, le caractère atroce de la guerre civile tient à ce qu'elle se produit entre les membres d'une même famille. On comprendra dès lors à quel titre l'atteinte aux droits de l'homme pouvait être considérée comme sacrilège.

Depuis Grotius et sur le fondement de la notion que celui-ci a introduit de l'ordre rationnel universel, l'humanité demeure implicitement considérée comme une même et unique famille. Il en résulte que l'atteinte aux droits de l'homme équivaut à un acte de guerre civile.
Reprenons à l'inverse la mutation de la famille à la civilisation. Nous avons déjà posé en hypothèse que si le massacre et le pillage sont des comportements de horde, c'est dans la mesure où la communication n'a pas encore trouvé son point de mire dans le for intérieur de la collectivité, d'où rayonne la constructivité des œuvres.
A notre question initiale " qu'est-ce qu'un civilisé ? ", nous n'aurions donc donné en définitive qu'une réponse indirecte et négative. D'une population de destructeurs et de prédateurs nous dirons que ce ne sont pas des civilisés. Nous disons que ce ne sont pas des civilisés en ce que nous entendons par là, d'abord, une individuation. Le civilisé est à comprendre en tant que marqué, comme son antidote le barbare, du processus d'individuation et ce qui s'y trouve impliqué c'est la coordination de l'ethos individuel et de l'ethos civilisateur. De l'ethos individuel relèvent les comportements, en l'occurrence en ce qui touche le non civilisé, de destruction et de prédation ; en ce qui touche le civilisé, les comportements de constructivité.
Aurons-nous pour autant levé l'interrogation que formulait l'intitulé de cet essai ? Toute notre recherche a précisément tendu à récuser l'idée que la civilisation pût se définir par une collation des faits, dont le civilisé fût appelé à soutenir les caractéristiques, soit avec le

concours d'une dimension historique, à la manière par exemple de Morgan, soit dans une distribution simplement ethnographique, à laquelle serait éventuellement associée une hiérarchisation de valeurs d'ordre moral ou technique, de nature à diversifier l'" humain " comme une donnée dont pourrait se trouver ainsi dérivée la reconnaissance des " droits de l'homme ".

Dans la perspective de la présente recherche, une civilisation nous est apparue au contraire comme le foyer de développement d'un type de communication. De là résulte que la notion du " civilisé " apparaît par essence comme problématique, en tant qu'elle se construit dans l'exercice d'un ethos civilisateur solidaire non de faits, mais de potentialités d'élaboration d'œuvres originales capables de durée, c'est-à-dire ayant portée monumentale.

De ce point de vue, si le civilisé est un sujet capable d'autocritique, c'est dans la mesure où il est formé à assumer la responsabilité d'une constructivité dans laquelle s'actualise l'ethos civilisateur de la destinée symbolique dont il participe.

NOTES

1. Traduction sous le titre *Ephémère destinée* par Altonian, Bourguignon, Cotet, Rauzy.
2. " Tout ce qui est éphémère n'est que métaphore ". Goethe - *Faust* vers 12104-12105. Cf Freud - *Résultats, idées, problèmes*. Traduction PUF Tome I p. 233.
3. Marie Claude Lambotte - *Le discours mélancolique. De la phénoménologie à la métapsychologie*. éd. Anthropos, 1993
4. *Œuvres complètes* de Voltaire, Siècle de *Louis XIV*, tome 1, Paris, Baudoin frères Libraires, 1825.
5. Trad. du Syriaque par A. Dupont Sommer. cf. P. Kaufmann. *L'expérience émotionnelle de l'espace.* Vrin Éd. 1966, p. 272.
6. Thucydide. *La guerre du Péloponèse.*
7. *Les ordres religieux*. La vie et l'art. Flammarion Éd. 1979.
8. Erasme - *La Civilité puérile* - présenté par Philippe Ariès. éd. Ramsay.
9. Raynal - *Histoire philosophique et politique des établissements et du commerce européen dans les deux Indes* - Genève 1780
10. Levi-Strauss - *Anthropologie structurale*. Plon, 1958. Page 389.
11. *Qu'est-ce qu'un classique ? Causerie du Lundi*. Garnier Éd. T.III.
12. Trad. Laplanche. in Freud : *Résultats, Idées, Problèmes.* PUF Tome.I p. 135

ACHEVÉ D'IMPRIMER
SUR LES PRESSES DE
PUBLI OFFSET À CAHORS
LE 27 AVRIL 1995.
FAIT POUR LE PLAISIR